DIBUJAR SERES FANTÁSTICOS ANIME

Más de
50 CRIATURAS MÁGICAS

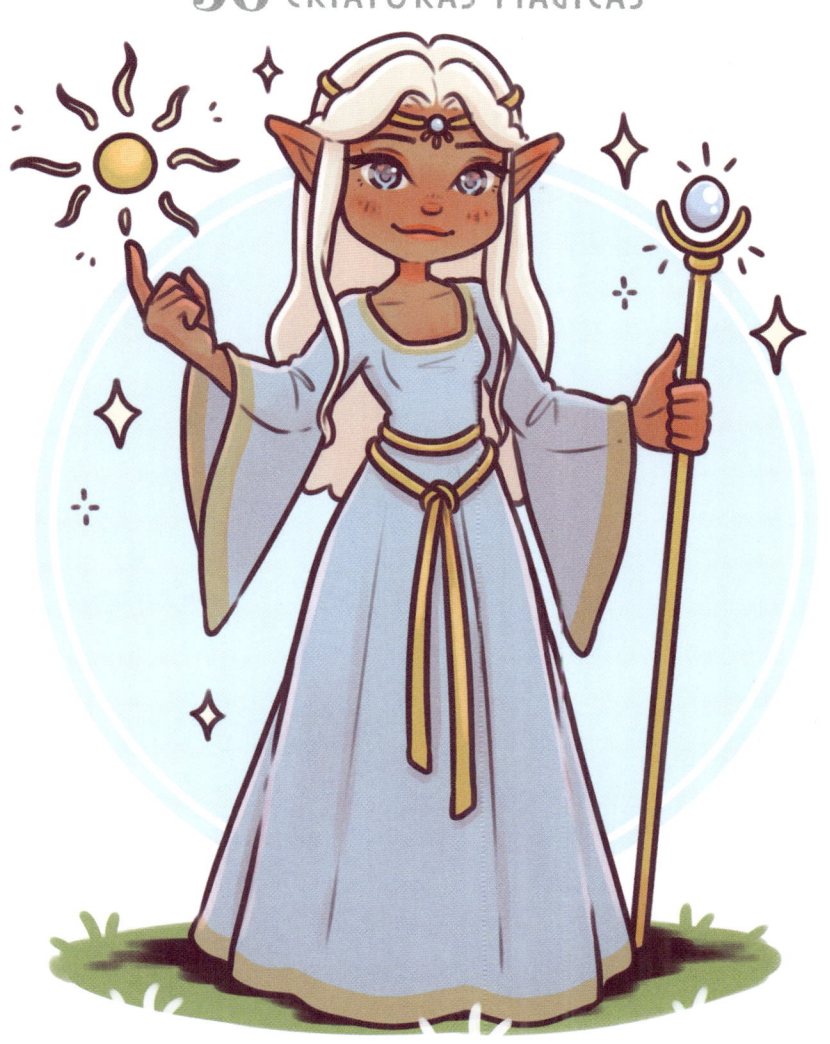

NAOMI LORD

Librero

ÍNDICE

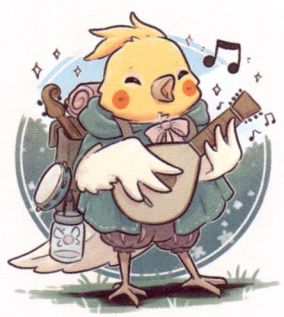

INTRODUCCIÓN * 4

LA CIUDAD ENCANTADA * 15

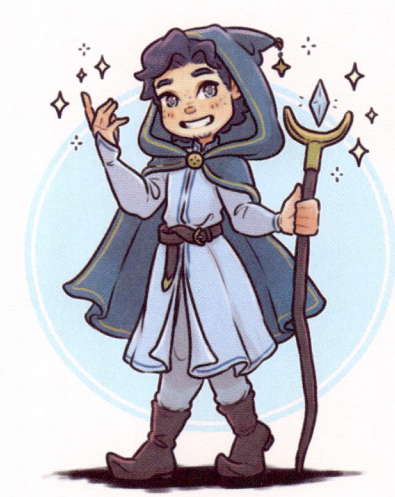

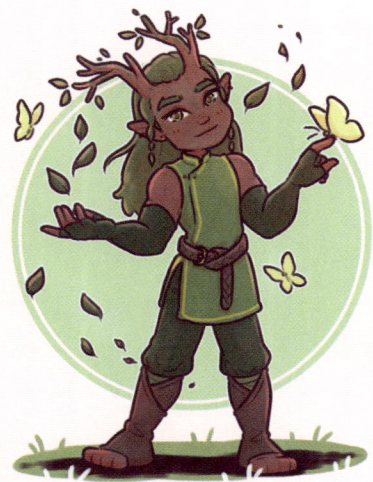

EL BOSQUE ANCESTRAL * 41

LAS MONTAÑAS NOCTURNAS * 61

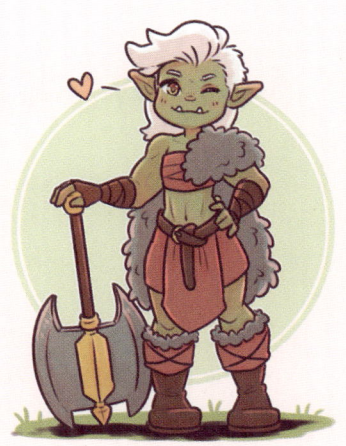

LA ALDEA PERDIDA * 83

MASCOTAS PARA TUS PERSONAJES * 119

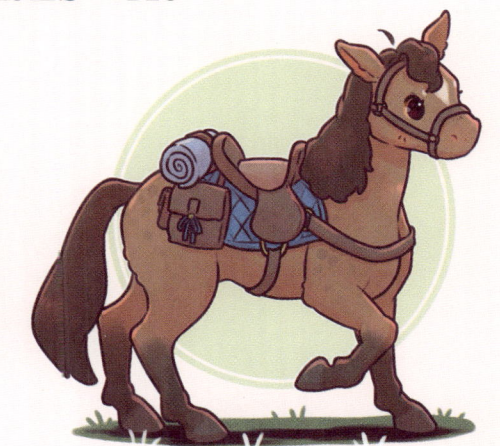

¡HOLA!

Me llamo Naomi, pero puede que me hayas visto por internet como @naomi_lord o @naomilordart. Vivo en el Reino Unido y soy una artista autodidacta. ¡Siempre me ha gustado dibujar! Alrededor de 2017, empecé a tomarme mis ilustraciones más en serio y comencé a crear muchos personajes, animales y criaturas en versión chibi (que significa «pequeños y adorables» en japonés). Desde entonces, he seguido perfeccionando mi trabajo y explorando mi propio estilo.

A lo largo de los años he publicado muchas ilustraciones en internet y he conseguido un grupo de seguidores encantador. Me han motivado enormemente para continuar dibujando y desarrollando mi obra. Espero que este libro también sea de ayuda para todos aquellos que aspiréis a ser artistas en un futuro. Si quieres aprender a dibujar tus propios personajes fantásticos de aspecto adorable, ¡has llegado al lugar adecuado!

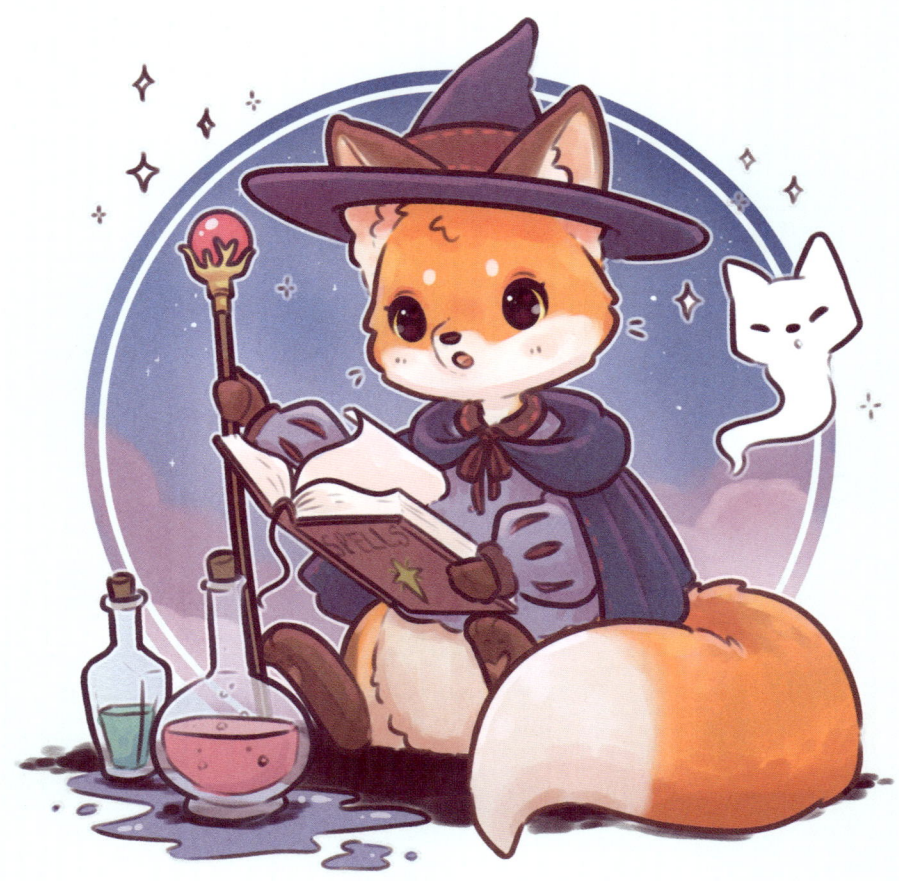

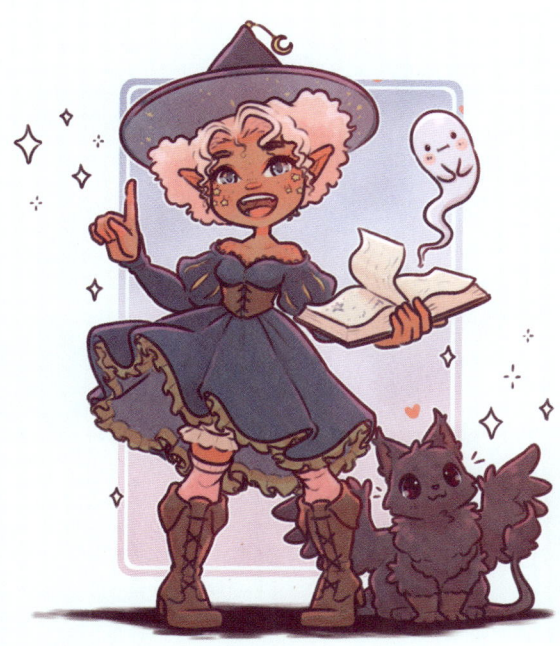

¿QUÉ ES EL ANIME?

Esta palabra significa «animación» en japonés, pero con los años ha llegado a referirse también a un estilo de dibujo determinado. Aunque sus personajes se reconocen por sus rostros expresivos y sus rasgos exagerados, el anime engloba muchos subgéneros. Uno, por ejemplo, lo verás en este libro, ya que la mayoría de los personajes que incluye son de estilo kawaii («tierno» en japonés) o chibi. No hay normas ni limitaciones en lo que respecta a estos estilos artísticos, así que no dudes en experimentar y seguir tu instinto creativo para dar un toque personal a tus dibujos. Yo suelo optar por hacerles ojos grandes, usar colores pastel y añadirles muchos destellos.

CÓMO USAR ESTE LIBRO

En primer lugar, compartiré información y consejos útiles para empezar a dibujar y colorear, como las herramientas y las técnicas más recomendables. A continuación, te mostraré un listado de las criaturas que aprenderás a crear. Este libro tiene 51 tutoriales paso a paso y se divide en cinco capítulos: «La Ciudad Encantada», «El Bosque Ancestral», «Las Montañas Nocturnas», «La Aldea Perdida» y un capítulo adicional para dar a tus personajes una mascota que los acompañe en sus aventuras. Cada sección contiene lecciones que van de lo más sencillo a lo más complejo. Los tutoriales son ideales para principiantes, pero también permiten afrontar nuevos desafíos a quienes así lo deseen. Por tanto, no tengas reparos a la hora de personalizar cualquier aspecto de tu personaje.

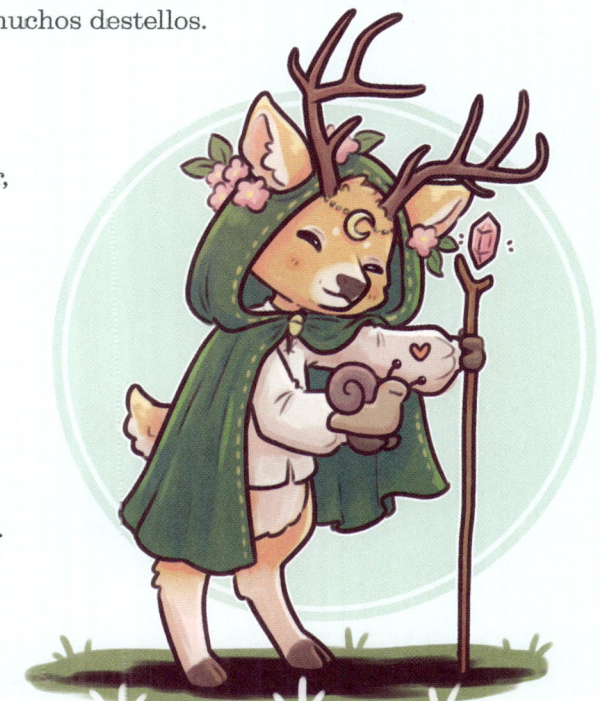

HERRAMIENTAS

He creado estas lecciones con una tableta digital y el programa Clip Studio Paint para Windows, pero puedes utilizar cualquier otro soporte que te guste o que tengas a mano. Para quienes estén interesados en conocer las herramientas que yo uso, he aquí algunas sugerencias.

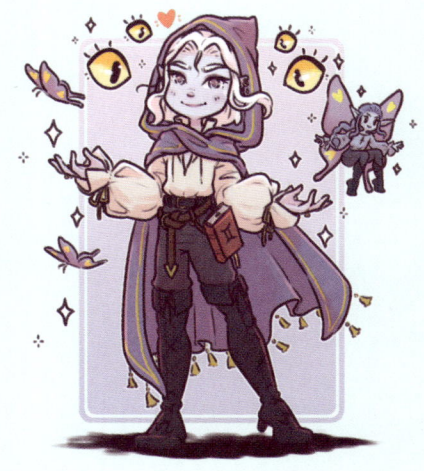

Tradicionales

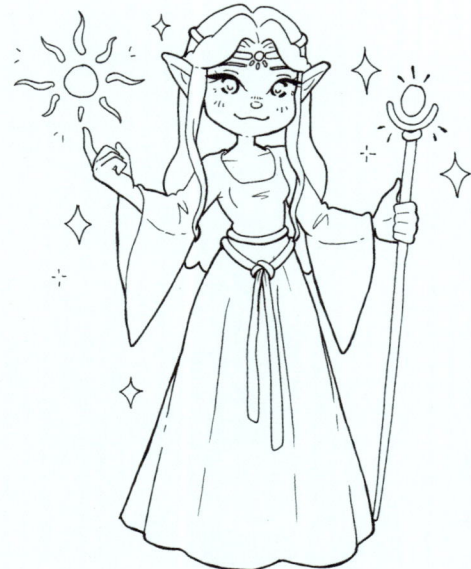

Las herramientas tradicionales son los lápices, los rotuladores y las pinturas. Si vas a utilizar este tipo de herramientas, te recomiendo que practiques con un lápiz y un trozo de papel desechable hasta ganar soltura antes de empezar con el dibujo definitivo. A continuación, haz la ilustración final en un papel normal: primero haz el boceto con trazos ligeros en lápiz y luego utiliza un rotulador negro para definir las líneas. Cuando la tinta esté completamente seca, borra suavemente el boceto para obtener un resultado más pulido. También puedes comprar una mesa de luz, que te permitirá calcar el boceto en la hoja de papel.

Digitales

El arte digital implica el uso de tabletas conectadas a un ordenador portátil o de sobremesa, o de dispositivos autónomos, como un iPad. Como disponen de la herramienta «Deshacer», estos medios ofrecen más flexibilidad y control. También deberías sacar partido de la herramienta de crear capas (presente en la mayoría de los programas), ya que permite mantener separadas las capas del boceto, los contornos y el coloreado. En los tutoriales, verás que utilizo la herramienta «Capas» para resaltar cada nueva línea que hago en el dibujo. Asegúrate de que las capas estén siempre separadas: no hay nada peor que pasarte horas trabajando en un dibujo para después darte cuenta de que los contornos que has trazado están en la capa de los bocetos. Por lo que respecta al software, tienes Adobe Photoshop y PaintTool SAI. Para iPads, recomiendo Procreate o Clip Studio Paint. Si esté disponible, activa el ajuste de presión del puntero, que permite variar el grosor del trazo y hacer que los contornos parezcan mucho más dinámicos. Este ejemplo muestra la diferencia entre las líneas hechas sin presión en el puntero y que tienen un grosor uniforme (izquierda) y las líneas que cambian de finas a gruesas con fluidez (derecha).

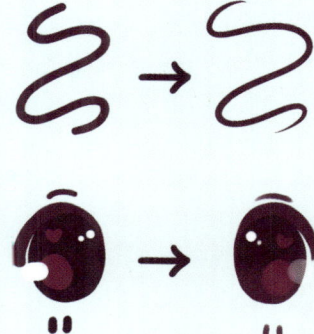

CÓMO DIBUJAR CRIATURAS FANTÁSTICAS

En esta sección encontrarás consejos y trucos para dibujar seres fantásticos y personalizarlos a tu gusto.

Expresiones faciales

Todas las criaturas de mis tutoriales tienen caras diferentes, pero puedes cambiarlas por las de otras lecciones o inventártelas. Una expresión única puede dar mucha vida a una ilustración, mientras que los diferentes rasgos faciales, como la forma de los ojos, pueden crear personajes realmente diferentes entre sí. Lo más importante es pasarlo bien y ver qué se te ocurre. Aquí tienes algunos ejemplos con distintas expresiones.

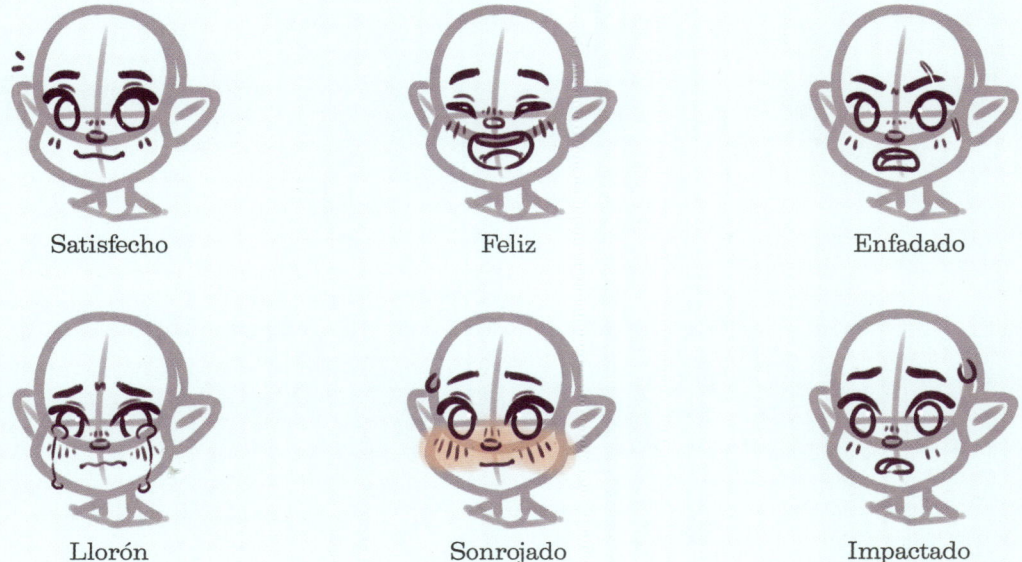

| Satisfecho | Feliz | Enfadado |

| Llorón | Sonrojado | Impactado |

Cabello

Puedes personalizar los peinados de los personajes totalmente a tu gusto. Por ejemplo, cambia el que yo he utilizado en una criatura por el de otra o invéntate uno nuevo. Largo, corto, rapado por un lado, recogido, rizado, liso... ¡tienes infinidad de opciones! A continuación, encontrarás diferentes peinados que pueden servirte de inspiración. Sobre todo asegúrate de personalizarlo mientras realices el boceto, antes de empezar a entintar la imagen final.

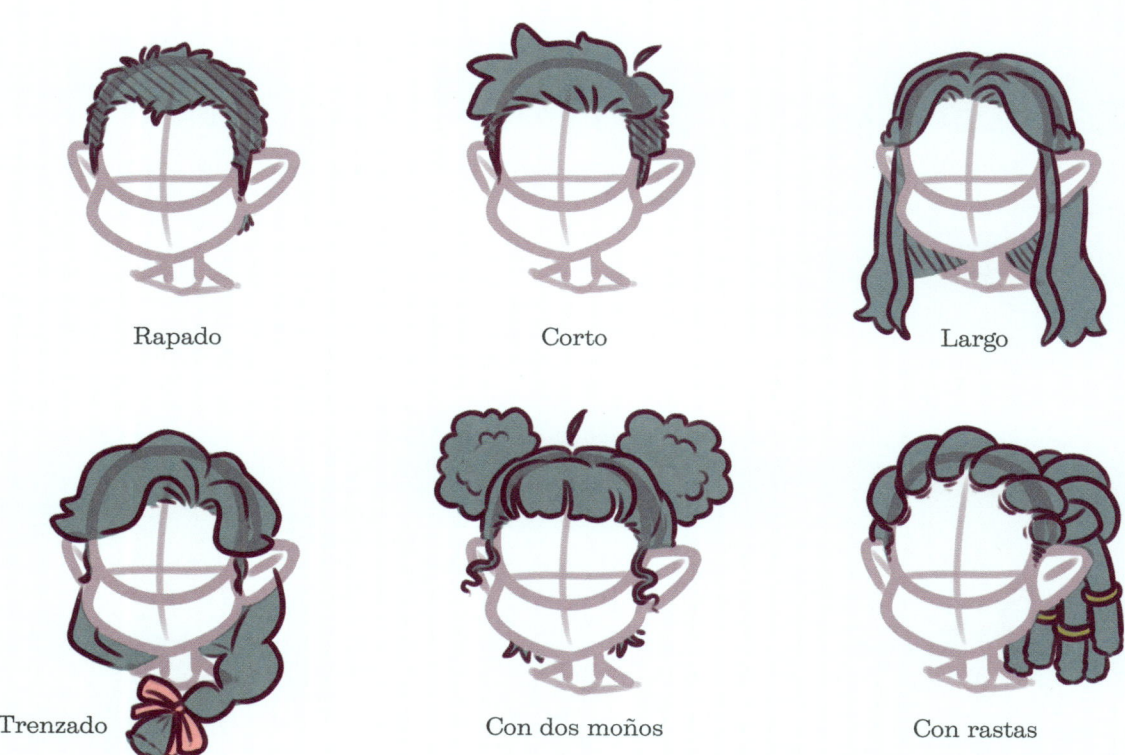

Rapado   Corto   Largo

Trenzado   Con dos moños   Con rastas

Cuerpo y postura

Siempre es buena idea variar las formas corporales de los personajes, ya que esto puede hacerlos realmente únicos. También es otra manera de mostrar su personalidad. Intenta cambiar la perspectiva para que queden más dinámicos y expresivos. También los puedes hacer realizando una acción, como lanzar un hechizo o blandir una espada.

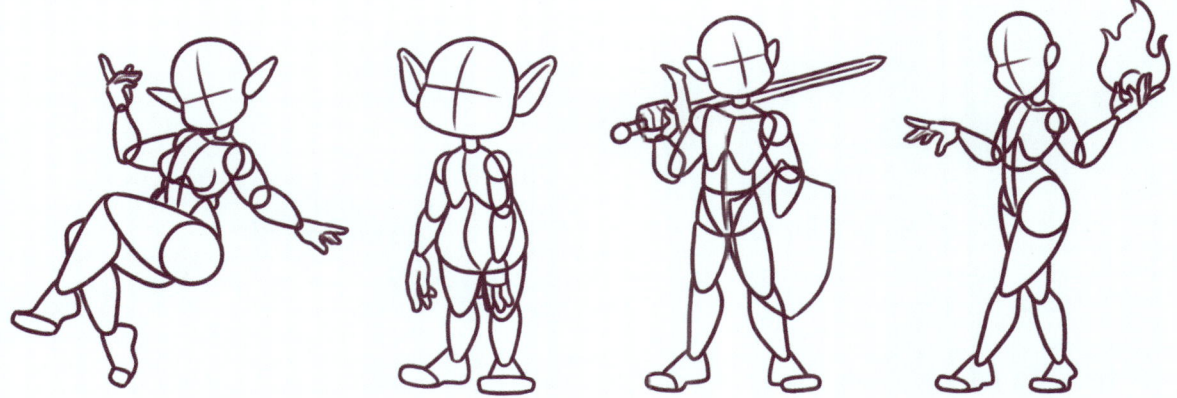

Vestuario y accesorios

Una manera estupenda de representar la personalidad de un personaje es a través de su vestimenta. ¿Quieres que parezca un poco más misterioso? Dibújale una capa con capucha. ¿Se dispone a luchar en una batalla? Añádele una armadura. Las criaturas fantásticas deben tener sus accesorios, como espadas, bastones, hachas y grimorios, zurrones.

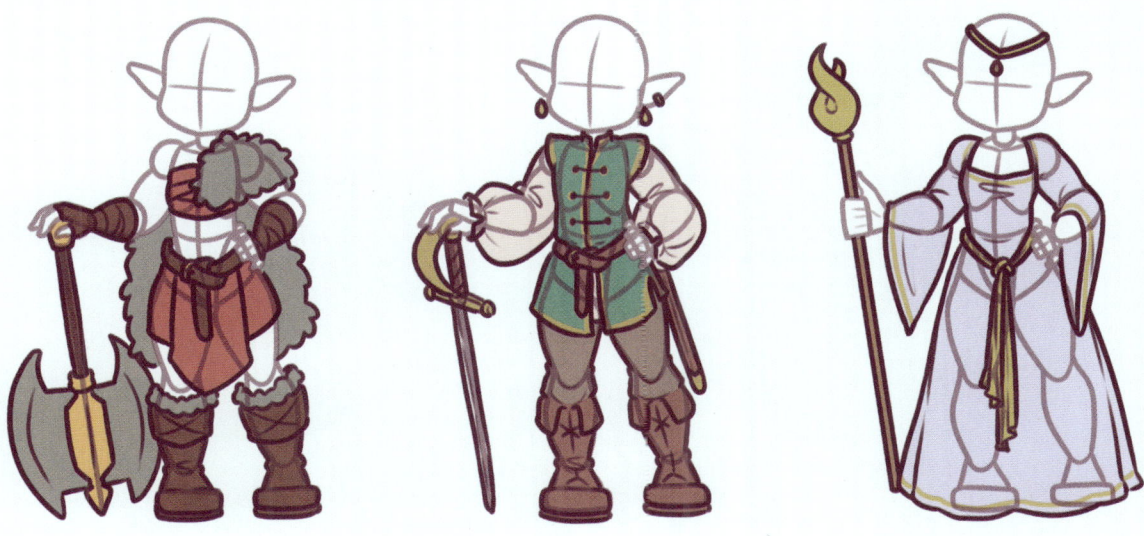

DAR COLOR

Estos tutoriales se centran más en el dibujo que en las técnicas de coloreado, pero una de las maneras más fáciles de mejorar una ilustración es pintándola. Como se trata de criaturas fantásticas, no hay colores correctos o incorrectos. Puedes usar tonos «naturales» para lograr un aspecto más realista, pero nada te impide hacer un elfo con la piel verde o un hada con la piel irisada. Son seres fantásticos, así que diviértete experimentando.

Tradicionales

A continuación, verás una guía rápida paso a paso para pintar con medios tradicionales.

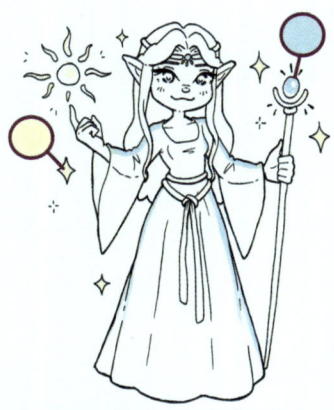

1. Empieza por las zonas más claras, ya que son más fáciles de difuminar y corregir en caso de error. Coloca reflejos donde la luz incida sobre la figura desde arriba.

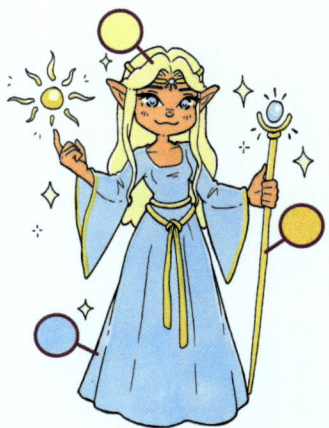

2. Pinta con los colores principales, difuminándolos ligeramente hacia los reflejos para lograr una transición suave. Asegúrate de no colorear sobre ninguna zona blanca (como el blanco de los ojos).

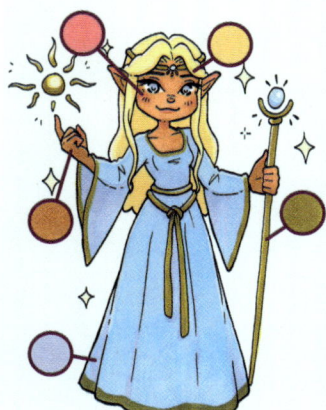

3. Añade las sombras, difuminándolas con los colores principales. Las sombras deben situarse en el lado opuesto de la fuente de la luz, normalmente a lo largo de la parte inferior de los rasgos del personaje.

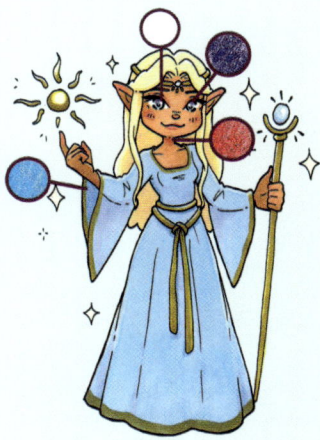

4. Haz los toques finales. Crea los reflejos de los ojos con un lápiz blanco. Si usas rotuladores con base de alcohol o acuarelas, puedes utilizar lápices de colores para añadir más sombras y así darle más volumen.

Digitales

Si quieres utilizar herramientas digitales, aquí tienes una guía que muestra los pasos que sigo para colorear mis obras en formato digital.

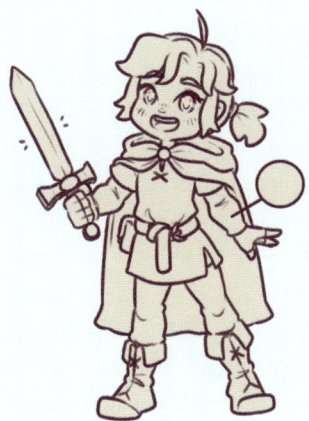

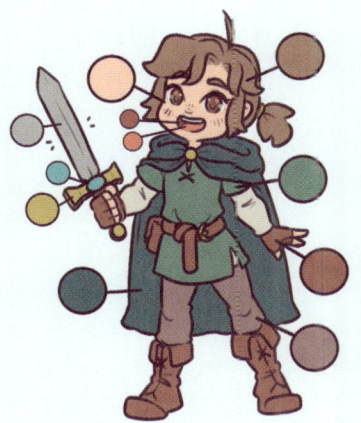

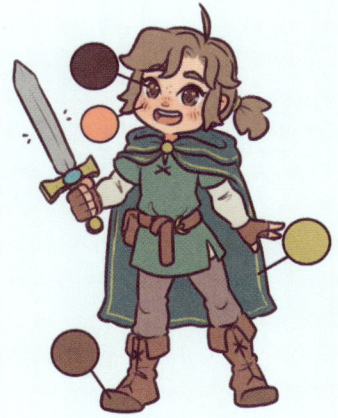

1. Una vez que hayas terminado de trazar el dibujo final, añade una nueva capa debajo con el color base (el color que más destaque en el personaje).

2. Encima del color base, agrega colores planos para pintar las diferentes secciones de la ilustración.

3. Añade detallitos de color, como zonas más oscuras en los ojos para definir las pupilas, rosa para indicar que tiene las mejillas sonrosadas y dorado en el borde de la capa a modo de ribete.

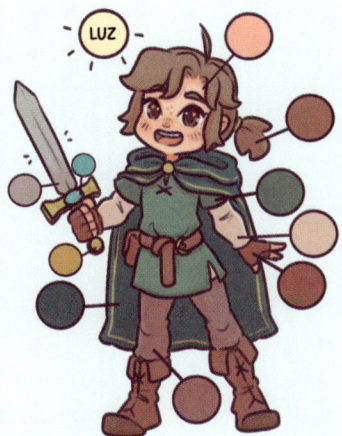

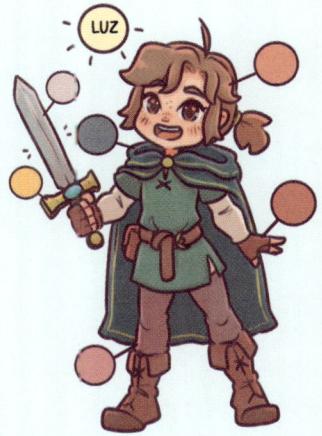

4. Agrega otra capa encima para las sombras. Oscurece las zonas inferiores, como debajo de la cabeza, la espalda, etc. La mayoría de los programas permiten añadir más sombras utilizando la opción de multiplicar capa con una opacidad menor.

5. Crea otra capa encima para los reflejos. La luz viene de arriba, así que los reflejos deben estar en las partes superiores del personaje.

LISTADO DE PERSONAJES

La Ciudad Encantada

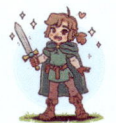

Aventurero
Sus épicas pruebas y sus tribulaciones son historias que han resistido el paso del tiempo.

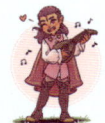

Bardo
Escucha sus canciones. Hablan tanto de los héroes que ganaron sus batallas como de los que las perdieron.

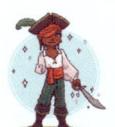

Pirata
Sabe cómo desenvolverse en el mar sin importar las inclemencias del tiempo.

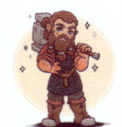

Enano
Aunque es pequeño, su destreza y sus habilidades son poderosas.

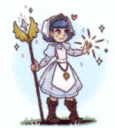

Curandera
Tenerla cerca puede determinar el resultado de cualquier aventura.

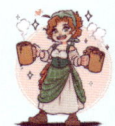

Tabernera
Su taberna es el lugar donde muchos viajeros se sienten como en casa.

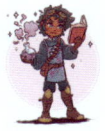

Alquimista
La ciencia a la que se dedica puede crear objetos raros e increíbles.

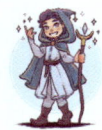

Mago
Con un objeto de su elección, canaliza su poder, que brota de la punta de sus dedos.

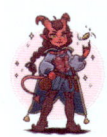

Ladrona
La velocidad y la astucia son sus mayores cualidades.

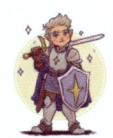

Caballero
Defensor del palacio real, es leal y estoico.

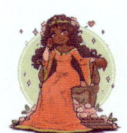

Princesa
Su título y sus ambiciones son sus armas más poderosas.

El Bosque Ancestral

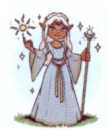

Elfa de la luz
Durante el día es cuando es más poderoso.

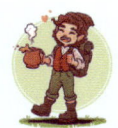

Gnomo
El guía y compañero ideal para adentrarse en el bosque.

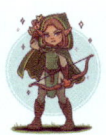

Elfa del bosque
Puede comunicarse con los árboles y protege la naturaleza.

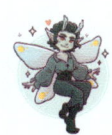

Duende
Esta poderosa criatura puede ser benigna o maligna.

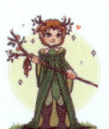

Druida
Este ser ancestral posee conocimientos que abarcan milenios.

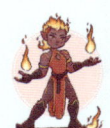

Elemental del fuego
Una entidad mágica con un temperamento muy volátil.

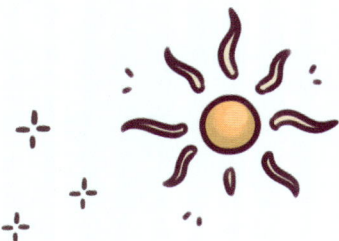

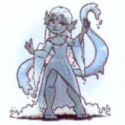

Elemental del agua
Cuando estés cerca de un lago o un río, invoca a esta criatura mágica.

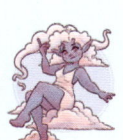

Elemental del aire
Una entidad mágica omnipresente que a menudo pasa desapercibida.

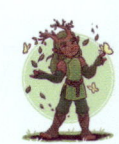

Elemental de la tierra
Una entidad mágica que tiene una conexión profunda con la madre naturaleza.

Las Montañas Nocturnas

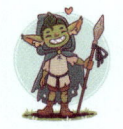

Goblin
Esta criatura es inteligente tanto de día como de noche.

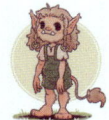

Trol
Una criatura nocturna que se convierte en piedra durante el día.

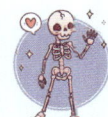

Esqueleto
Un ser reencarnado que renace a través de la nigromancia.

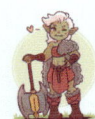

Orca
Una gran guerrera con una fuerza y un coraje extraordinarios.

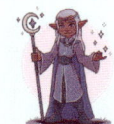

Elfo oscuro
Un mago que estudia astrología.

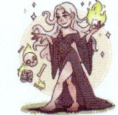

Nigromante
Un ser mágico que debe elegir entre el bien y el mal.

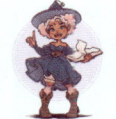

Bruja
Una criatura misteriosa que vive eternamente.

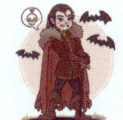

Vampiro
Un ser que ha vuelto a la vida ávido de sangre.

La Aldea Perdida

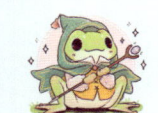

Aprendiz de brujo
Una rana mágica con las intenciones más adorables.

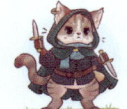

Bandido
Un gato con reflejos rápidos y pies ligeros.

Encantador
Un zorro con talento que puede encantar casi cualquier cosa.

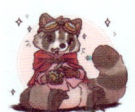

Inventor
Un mapache con mucha inventiva.

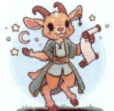

Adivina
Una cabra con una gran intuición.

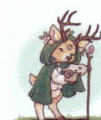

Brujo
Un ciervo con la magia de un elemental de la tierra.

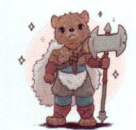

Guerrero
Un oso intrépido y digno de confianza.

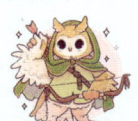

Arquero
Un búho con una gran puntería.

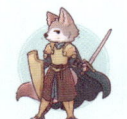

Legionario
Un lobo entregado con un poco de mal genio.

Hechicero
El cuervo de un antiguo nigromante que tiene su propia magia.

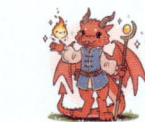

Guardián
Un león un poco impetuoso pero con buenas intenciones.

Mago
Un dragón con amplios conocimientos sobre la magia del fuego.

Mascotas para tus personajes

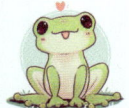

Rana
Un anfibio saltarín con ventosas en la punta de los dedos.

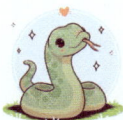

Serpiente
Un reptil taimado con colmillos venenosos.

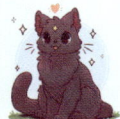

Gato
Un compañero astuto y cariñoso.

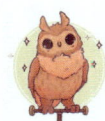

Búho
Un ave rapaz nocturna con un excelente sentido de la vista.

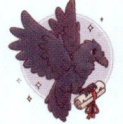

Cuervo
Un pájaro inteligente perfecto para misiones que requieren sigilo.

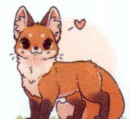

Zorro
Un compañero muy listo.

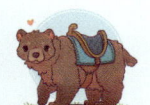

Oso
Una mascota de gran tamaño y un compañero feroz.

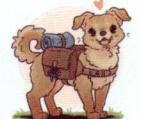

Perro
Un fiel compañero con muy buen olfato.

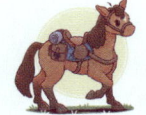

Caballo
Un compañero ideal por su velocidad cuando hay que viajar.

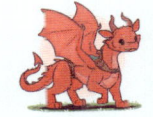

Dragón
Una serpiente voladora formidable.

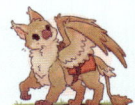

Grifo
Una combinación intimidante de un águila y un león.

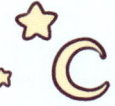

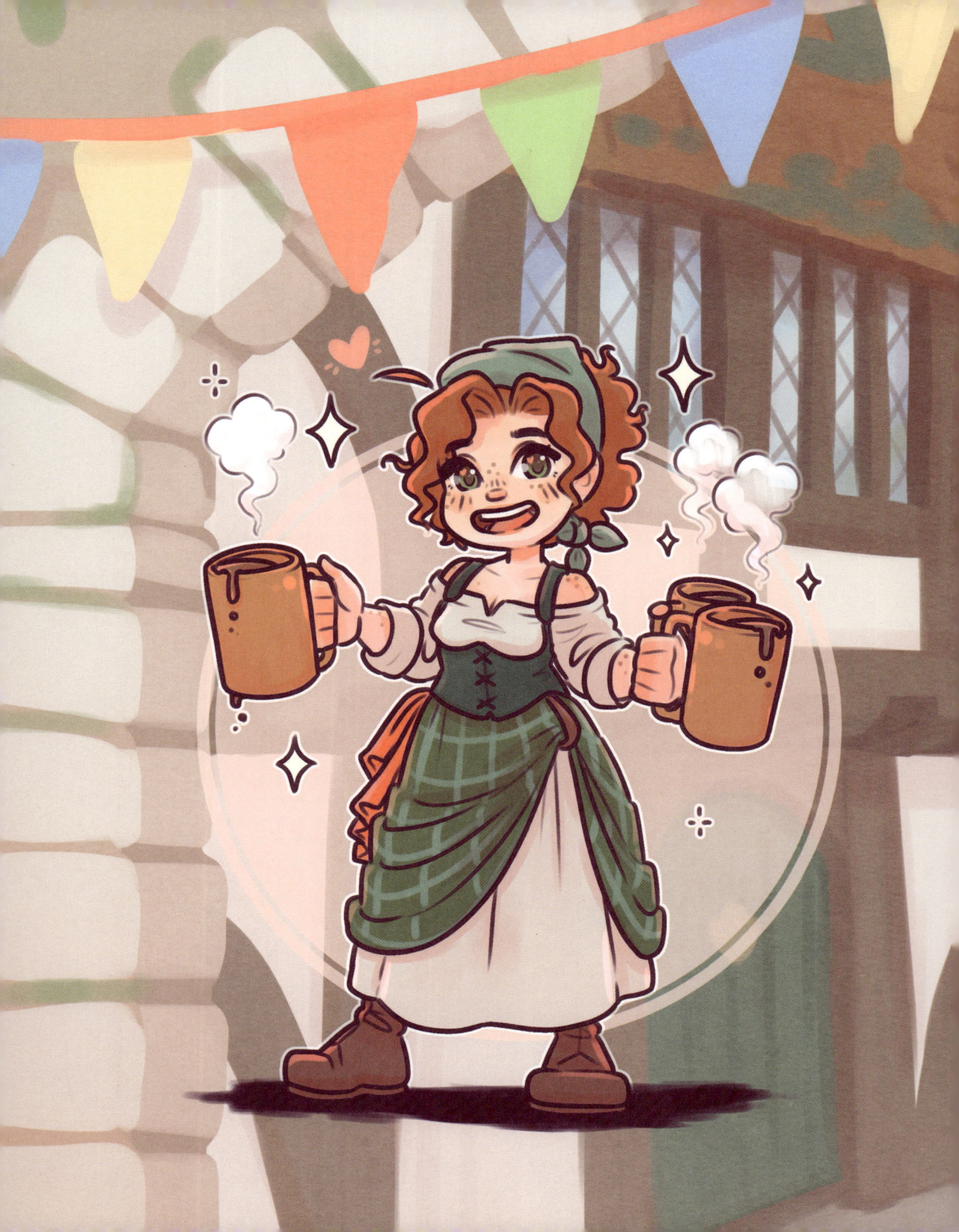

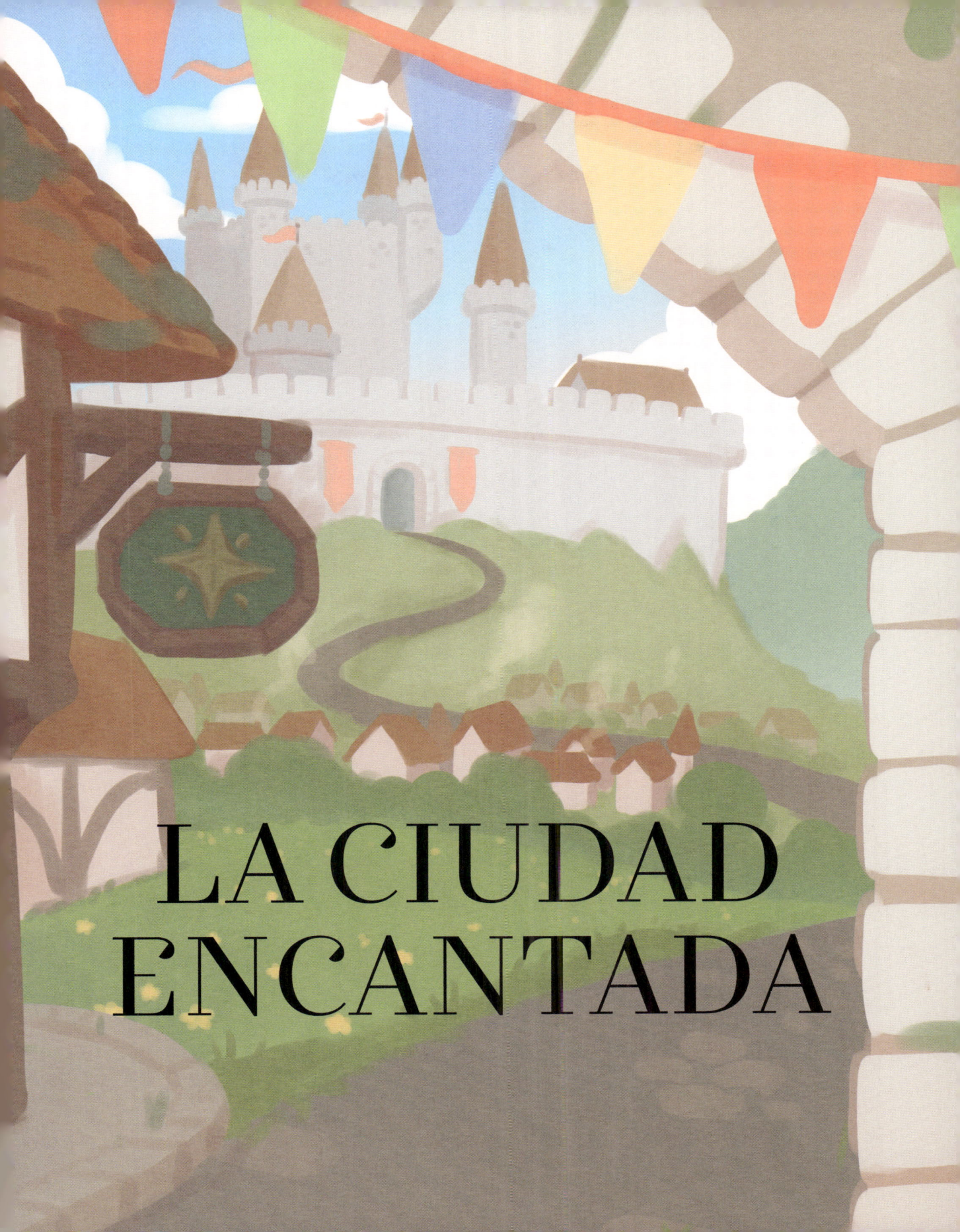

LA CIUDAD ENCANTADA

AVENTURERO

El destino de este aventurero es empuñar una espada y emprender una maravillosa aventura a través de la Ciudad Encantada. Espera encontrar un tesoro antiguo o amigos con los que compartir el resto de su vida, pero primero debe salvar la tierra del mal. ¡Es hora de partir en busca de nuevas aventuras!

1. Dibuja una forma redonda para la cabeza y añade una guía en forma de cruz para situar los rasgos faciales. Haz una pequeña oreja ovalada y, debajo de la cabeza, el cuello en forma de «U».

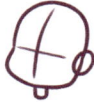

2. Haz la parte superior del cuerpo en forma de «W» y añade una guía curva y larga en el centro.

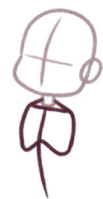

3. Para la parte inferior del cuerpo, dibuja un rectángulo con un trapecio debajo. Para las caderas, divide el trapecio en tres triángulos más pequeños con dos líneas diagonales.

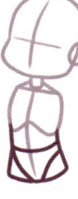

4. Debajo de las caderas, haz los muslos con dos «U» largas y finas. Forma la parte inferior de las piernas con dos «U» más puntiagudas. Después, crea los pies con dos secciones en forma de triángulo y rectángulo.

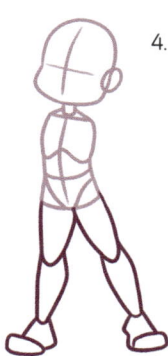

5. Dibuja un círculo y un semicírculo para los hombros y completa los brazos añadiendo una «U» y la forma de una lágrima en cada uno. Inclina los brazos para que queden separados del cuerpo.

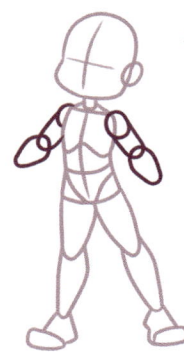

6. Para su mano derecha, dibuja un puño con una línea recta que lo atraviese. Para su mano izquierda, haz una palma triangular con los dedos separados.

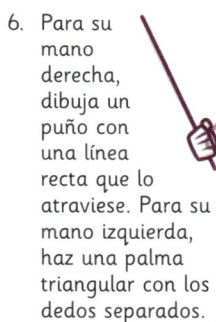
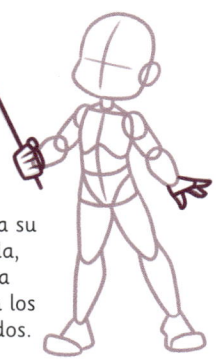

7. Traza el cabello con un flequillo voluminoso y una coleta baja en su lado izquierdo. Define el cuello.

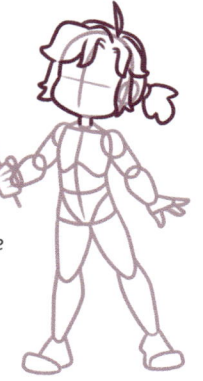

8. Haz una capucha abotonada alrededor de los hombros y añade las líneas onduladas de los pliegues. Dibuja una capa rectangular detrás del cuerpo de modo que quede unida a la capucha.

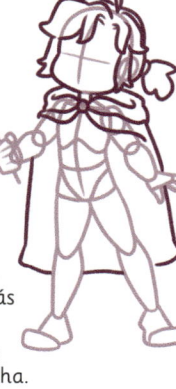

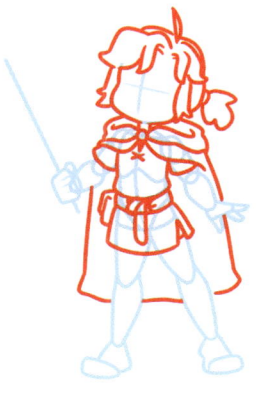

9. Dibuja una túnica de manga corta con una abertura en el muslo. Hazle un cinturón con un nudo corredizo. En su cadera derecha, hazle un pequeño rectángulo, que será una bolsita.

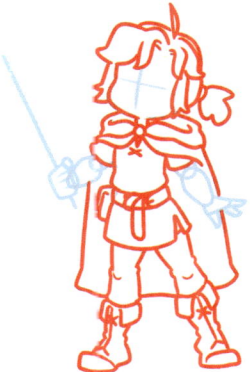

10. Añade las botas de manera que le lleguen hasta la mitad de la parte inferior de la pierna, se doblen por arriba y tengan una línea central. Dibuja el pantalón siguiendo la forma de la pierna.

11. Haz las mangas. Añade una línea a través de los dedos para crear los mitones. Dibuja una espada de hoja larga y puntiaguda, y la guarda con un círculo y dos rectángulos con los extremos un poco más anchos. Para el pomo, traza un círculo debajo de la mano.

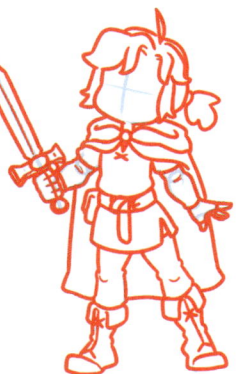

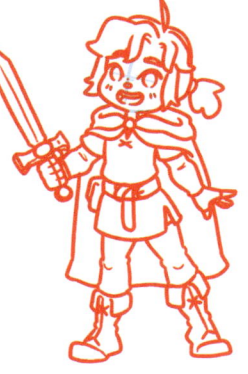

12 Para los ojos, dibuja un óvalo con una línea curva a lo largo de la parte superior. Añade las cejas, la nariz y una boca sonriente. Crea los dientes y la lengua con líneas curvas y haz unos trazos para indicar que tiene la nariz y las mejillas sonrosadas.

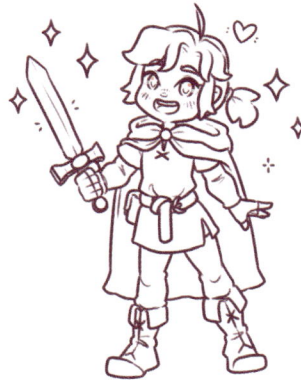

13. Haz el dibujo final sobre el boceto y, después, borra el lápiz con suavidad. Si quieres, puedes añadir reflejos y corazoncitos en los ojos del personaje y destellos y corazones a su alrededor.

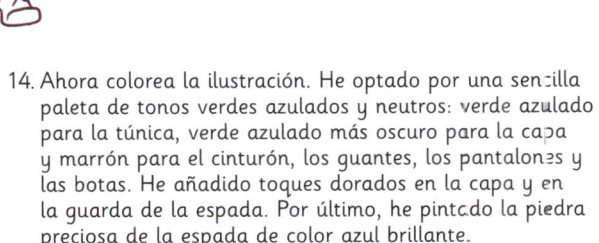

14. Ahora colorea la ilustración. He optado por una sencilla paleta de tonos verdes azulados y neutros: verde azulado para la túnica, verde azulado más oscuro para la capa y marrón para el cinturón, los guantes, los pantalones y las botas. He añadido toques dorados en la capa y en la guarda de la espada. Por último, he pintado la piedra preciosa de la espada de color azul brillante.

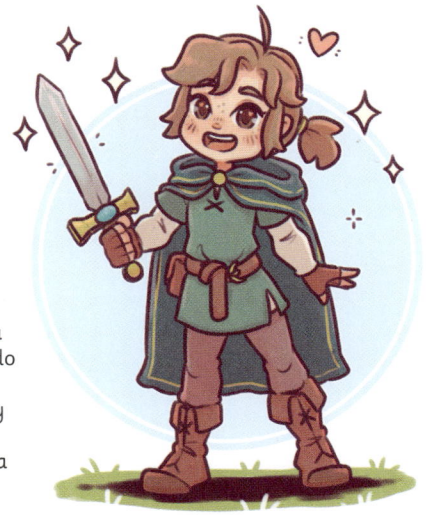

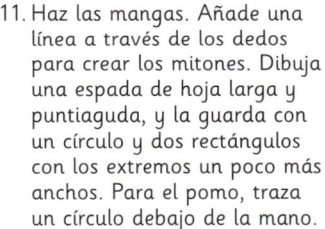

BARDO

Durante el transcurso de una aventura es cuando un bardo encuentra el mejor material para componer sus canciones. Pero entre una aventura y otra, lo más habitual es que frecuente la taberna local o toque en la plaza de su aldea.

1. Traza una forma redonda para la cabeza y añade una guía en forma de cruz. Haz las orejas en forma de lágrima y crea el cuello con una «U».

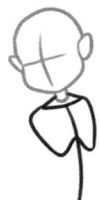

2. Dibuja la parte superior del cuerpo en forma de «W» y añade una guía curva y larga en el centro.

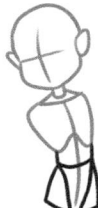

3. Para la parte inferior del cuerpo, traza un rectángulo. Después, dibuja un triángulo orientado hacia abajo con un triángulo más pequeño a cada lado para crear las caderas.

4. Debajo de las caderas, haz los muslos con dos «U» largas y finas. Forma la parte inferior de las piernas con dos «U» más puntiagudas. Después, crea los pies con dos secciones en forma de triángulo y rectángulo. Haz un ligero arco en la planta de su pie derecho.

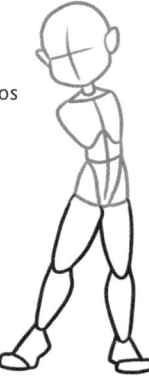

5. En el centro del cuerpo, dibuja un laúd en forma de lágrima con el mástil rectangular y el clavijero triangular. Traza unos círculos para hacer los hombros y, después, crea los brazos haciendo una «U» seguida de una forma de lágrima orientada a la derecha. El brazo derecho quedará parcialmente oculto detrás del laúd.

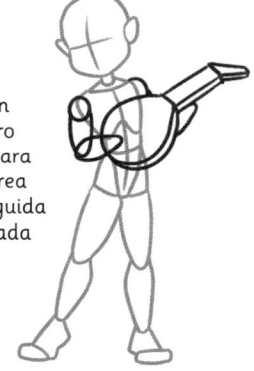

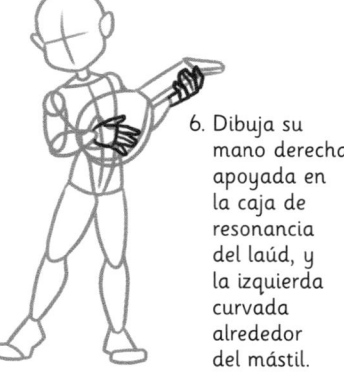

6. Dibuja su mano derecha apoyada en la caja de resonancia del laúd, y la izquierda curvada alrededor del mástil.

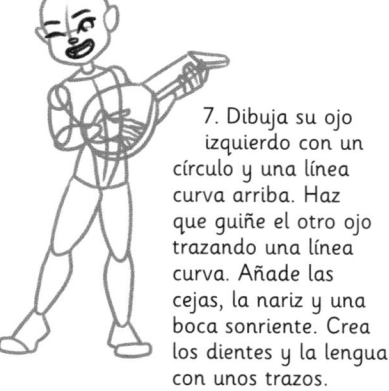

7. Dibuja su ojo izquierdo con un círculo y una línea curva arriba. Haz que guiñe el otro ojo trazando una línea curva. Añade las cejas, la nariz y una boca sonriente. Crea los dientes y la lengua con unos trazos.

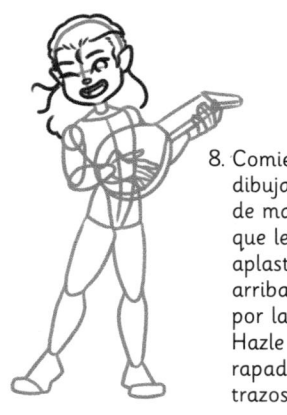

8. Comienza a dibujar el cabello de manera que le quede aplastado por arriba y le caiga por la espalda. Hazle los lados rapados con trazos tenues.

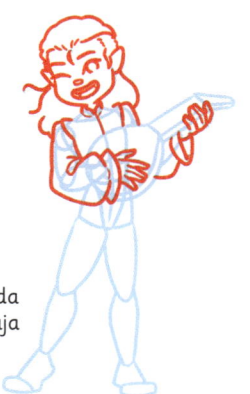

9. Para la parte de arriba, dibuja un cuello y unas hombreras puntiagudas. Deja un espacio en la parte superior de la espalda para luego añadir la capa. Dibuja unas mangas holgadas con puños anchos y las manos.

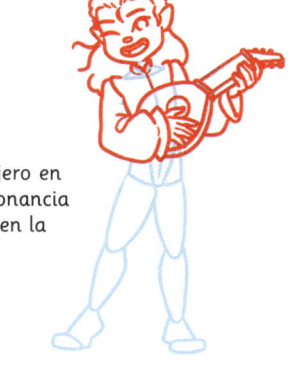

10. Dibuja el laúd con un agujero en el centro de la caja de resonancia y las clavijas de afinación en la parte superior.

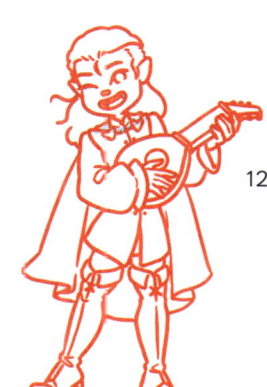

11. Completa el jubón añadiéndole algunos botones y una abertura en la parte inferior. Dibuja unas botas altas con un pliegue en la parte superior y un pequeño tacón.

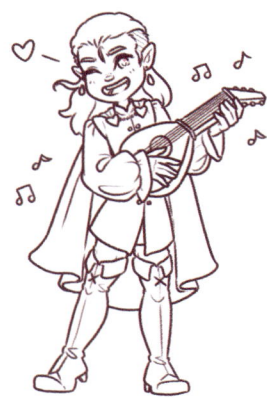

12. En la parte superior de la espalda, dibuja dos pequeños broches en forma de corazón para la capa. A continuación, haz la capa de manera que caiga por detrás del cuerpo.

13. Haz el dibujo final sobre el boceto y, después, borra el lápiz con suavidad. Dibuja pequeños detalles, como unos pendientes y las cuerdas del laúd (utiliza una regla para que queden rectas). Si quieres, puedes añadir notas musicales y un corazón.

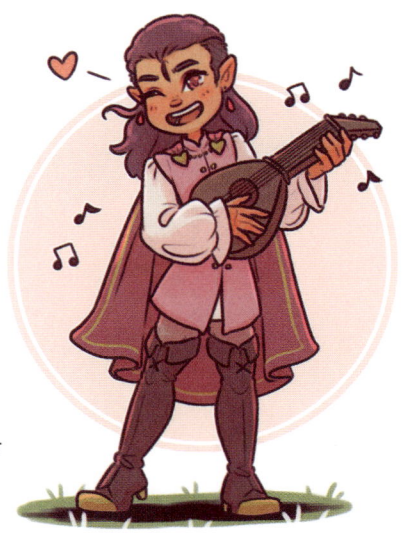

14. Ahora colorea la ilustración. He elegido una paleta de tonos variados de rosa claro y púrpura para el jubón, la capa y el cabello. He pintado el laúd y las botas de color marrón, y he terminado dándole unos toques de dorado utilizando este color para los broches, el ribete de la capa y los detalles de las botas.

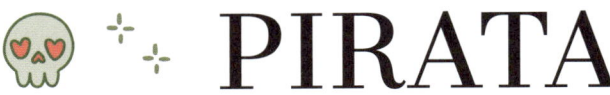

PIRATA

La vida de los piratas transcurre en el océano, buscando tesoros (a veces con éxito) y quizá librando batallas con monstruos marinos. Cuando no están en su barco, puedes encontrarlos en el puerto de alguna ciudad, cargando provisiones en su embarcación y compartiendo relatos sobre tierras perdidas a las que todavía no han llegado.

1. Dibuja una forma redonda para la cabeza y añade una guía en forma de cruz. Traza dos óvalos pequeños para las orejas y haz el cuello en forma de «U».

2. Dibuja la parte superior del cuerpo en forma de «W» y añade una guía curva y larga en el centro.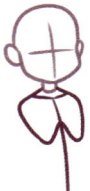

3. Para la parte inferior del cuerpo, traza un rectángulo. Después, dibuja un triángulo orientado hacia abajo con un triángulo más pequeño a cada lado para crear las caderas.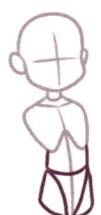

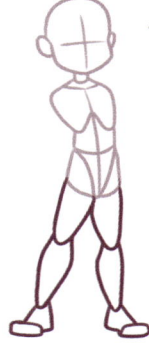 4. Debajo de las caderas, haz los muslos con dos «U» largas y finas. Forma la parte inferior de las piernas con dos «U» más puntiagudas. Después, crea los pies con dos secciones en forma de triángulo y rectángulo.

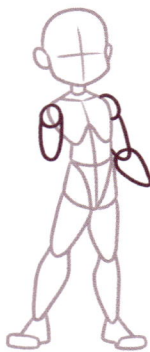 5. Traza unos círculos para hacer los hombros y, después, crea su brazo izquierdo haciendo una «U» seguida de una forma de lágrima. Del otro brazo, añade solo la parte superior.

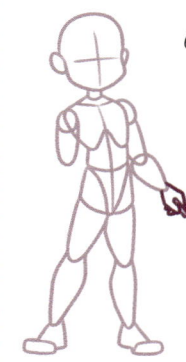 6. Dibuja su mano izquierda sosteniendo un cilindro fino, que será la empuñadura de la espada.

7. Dibuja la camisa con una amplia abertura en forma de «V» y el cuello de la camisa. Añade un fajín anudado a la cintura con líneas que marquen los pliegues. En su brazo izquierdo, dibuja una manga ancha que se ciña en la muñeca. En el otro brazo, dibuja la tela de manera que se doble en el codo con un botón.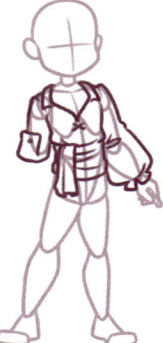

8. Dibújale unos pantalones ajustados y unas botas de caña alta con un reborde en la parte superior. Haz que los pantalones queden metidos dentro de las botas y añade algunos pliegues.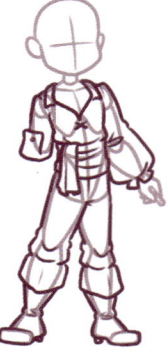

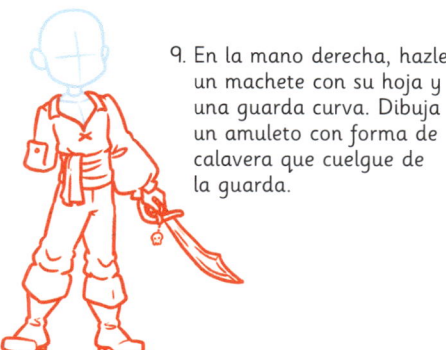

9. En la mano derecha, hazle un machete con su hoja y una guarda curva. Dibuja un amuleto con forma de calavera que cuelgue de la guarda.

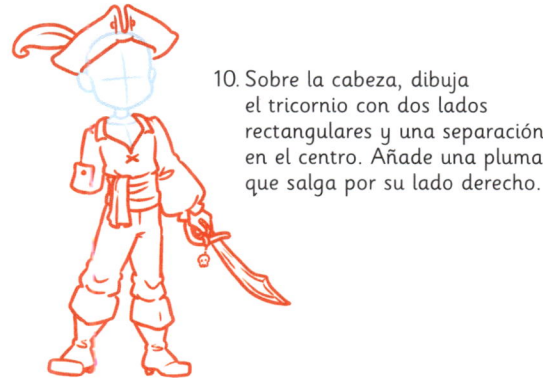

10. Sobre la cabeza, dibuja el tricornio con dos lados rectangulares y una separación en el centro. Añade una pluma que salga por su lado derecho.

11. Hazle un pañuelo que le envuelva la cabeza y le cubra su ojo derecho. Por detrás de la cabeza, dibuja unas trenzas con líneas onduladas. Añade algunas cicatrices debajo del ojo que lleva tapado y en el hombro izquierdo.

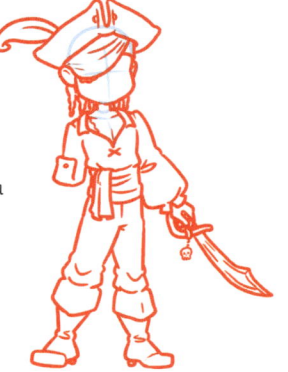

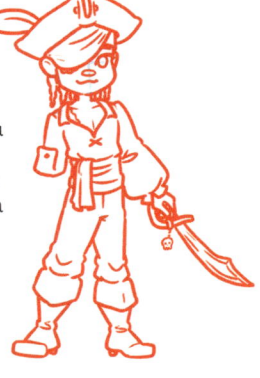

12. Dibuja su ojo izquierdo con un círculo y una línea curva a lo largo de la parte superior. Hazle una ceja, la nariz y la boca en forma de «W» aplanada.

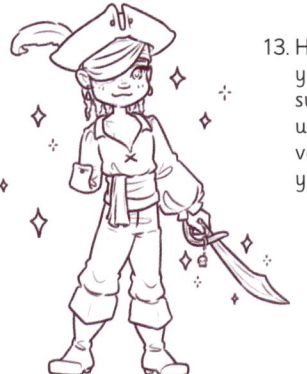

13. Haz el dibujo final sobre el boceto y, después, borra el lápiz con suavidad. Si quieres, puedes añadir unos pendientes al personaje, vello facial, reflejos en los ojos y destellos a su alrededor.

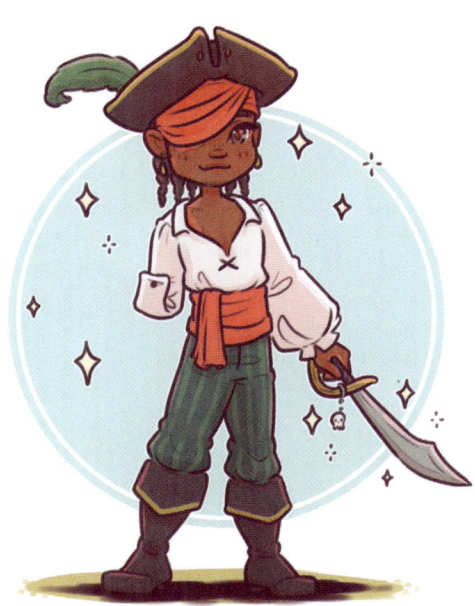

14. ¡Es hora de pintar la ilustración! He optado por algunos colores típicos de los piratas, como blanco para la sencilla camisa y negro para las botas y el sombrero. He añadido unas pinceladas verdes en los pantalones y la pluma, y he pintado los pañuelos de color rojo. Para las cicatrices, he utilizado el rosa.

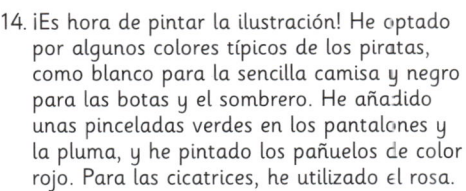

ENANO

Los enanos son herreros altamente cualificados, que aprendieron su oficio en las cuevas de las montañas gracias a los conocimientos transmitidos por sus antepasados. La Ciudad Encantada tiene la suerte de contar entre sus habitantes con este enano, que está preparado para mostrarles cómo se forjan realmente los metales.

1. Dibuja una forma redonda para la cabeza y añade una guía en forma de cruz para situar los rasgos faciales. Traza dos óvalos pequeños para las orejas y haz el cuello en forma de «U».

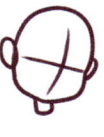

2. Dibuja la parte superior del cuerpo en forma de «W» y añade una guía curva y larga en el centro.

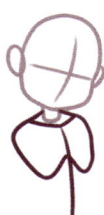

3. Para la parte inferior del cuerpo, dibuja un rectángulo con un trapecio debajo. Para las caderas, divide el trapecio en tres triángulos más pequeños con dos líneas diagonales curvas.

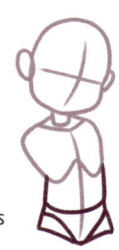

4. Debajo de las caderas, haz los muslos con dos «U» largas y finas. Forma la parte inferior de las piernas con dos «U» más puntiagudas. Después, crea los pies con dos secciones en forma de triángulo y rectángulo.

5. Traza unos círculos para hacer los hombros y, después, crea los brazos haciendo una «U» seguida de una forma de lágrima. Orienta su brazo izquierdo hacia arriba y el derecho hacia el cuerpo.

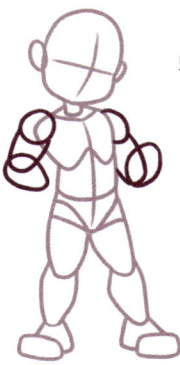

6. Dibuja su mano derecha apoyada en la cadera y la izquierda con el puño cerrado. En proporción al cuerpo, las manos deben ser grandes.

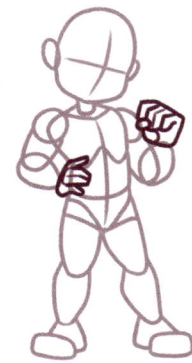

7. Añade un martillo grande y rectangular con un palo cilíndrico que atraviese su mano izquierda. La herramienta se apoyará en su hombro derecho, con una parte por detrás de la cabeza, pero es mejor dibujar primero todo el martillo y luego borrar las partes que quedan ocultas.

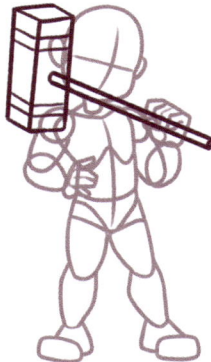

8. Dibuja los ojos con un círculo y una línea curva a lo largo de la parte superior. Añade unas cejas espesas y una pequeña nariz ovalada. Después, dibuja un bigote y una barba con tres secciones anudadas de modo que cuelguen de la barbilla. Asegúrate de hacer algunos mechones de pelo alrededor de la boca.

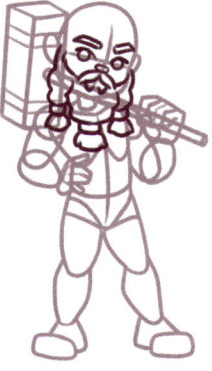

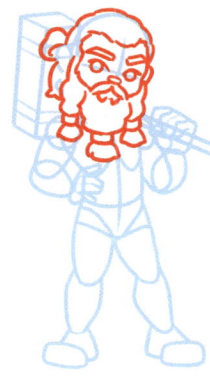

9. Dibuja el cabello atado en un moño de manera que le cuelgue un pequeño mechón por debajo. Une la línea del cabello con la barba.

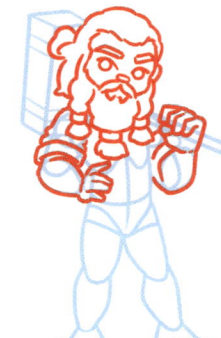

10. Dibuja las mangas de la camisa dobladas justo por encima del codo. Añade el contorno de los brazos y las manos.

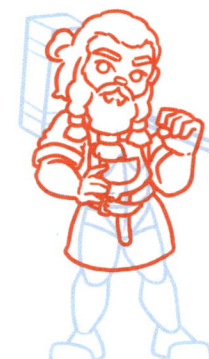

11. Haz un delantal con un bolsillo delantero. Dibuja un cinturón con un nudo en el medio.

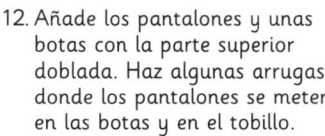
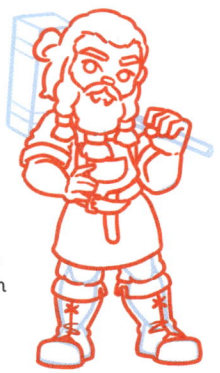

12. Añade los pantalones y unas botas con la parte superior doblada. Haz algunas arrugas donde los pantalones se meten en las botas y en el tobillo.

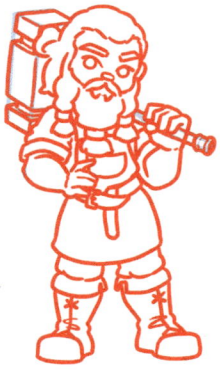

13. Dibuja la cabeza del martillo dividida en tres secciones: el centro rectangular y los dos extremos cuadrados. Añade una pequeña pieza de metal en el extremo del mango.

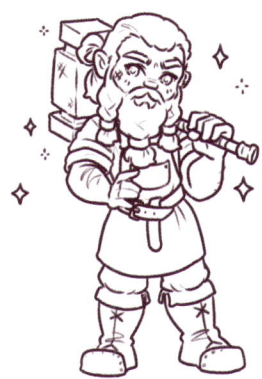

14. Haz el dibujo final sobre el boceto y, después, borra el lápiz con suavidad. Añade algunos trazos en la cara y en el martillo para simular unos rasguños y también en los brazos para crear el vello. Si quieres, puedes hacer unos reflejos y corazones en los ojos del personaje y destellos a su alrededor.

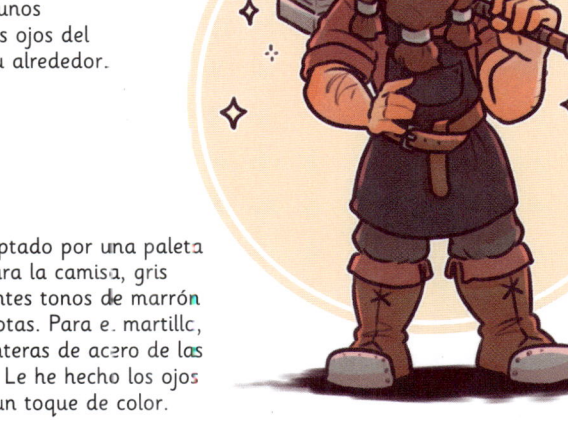

15. Ahora pinta la ilustración. He optado por una paleta de colores tierra: rojo ladrillo para la camisa, gris oscuro para el delantal y diferentes tonos de marrón para el pelo, el cinturón y las botas. Para el martillo, las gomas de la barba y las punteras de acero de las botas he utilizado un gris claro. Le he hecho los ojos de un azul brillante para darle un toque de color.

CURANDERA

Las curanderas son muy apreciadas en la Ciudad Encantada. Esta dirige un pequeño hospital en las afueras de la ciudad, donde utiliza magia y hierbas para curar a los enfermos y heridos. En ocasiones, también se une a algún grupo de aventureros para acompañarlos en su misión y asegurarse de que todos regresen de una pieza.

1. Dibuja una forma redonda para la cabeza y, en el lado derecho, añade una guía en forma de cruz. Haz la oreja en forma de lágrima y crea el cuello con una «U».

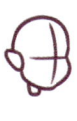

2. Haz la parte superior del cuerpo en forma de «W» y añade una guía curva y larga en el centro.

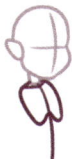

3. Para la parte inferior del cuerpo, traza un rectángulo. Después, dibuja un triángulo orientado hacia abajo con un triángulo vertical más pequeño a cada lado para crear las caderas.

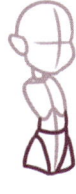

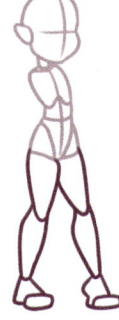

4. Debajo de las caderas, haz los muslos con dos «U» largas y finas. Forma la parte inferior de las piernas con dos «U» más puntiagudas. Después, crea los pies con dos secciones en forma de triángulo y rectángulo. Haz un ligero arco en la planta de su pie izquierdo.

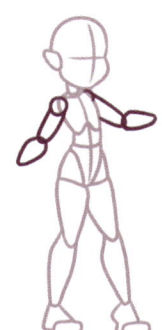

5. Traza unos círculos para hacer los hombros y, después, crea los brazos haciendo una «U» seguida de una forma de lágrima. Inclina los brazos para que queden separados del cuerpo.

6. Dibuja su mano derecha sujetando un bastón con dos alas en la punta. Hazle la mano izquierda levantada y rodeada de algunos rayos de luz.

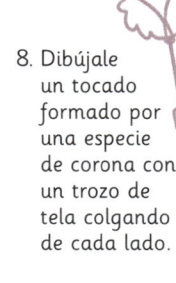

7. Crea los ojos con un círculo y una línea curva a lo largo de la parte superior. Añade las cejas, la nariz y una boca en forma de «W» aplanada.

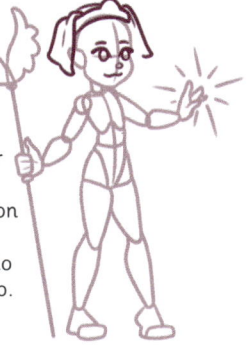

8. Dibújale un tocado formado por una especie de corona con un trozo de tela colgando de cada lado.

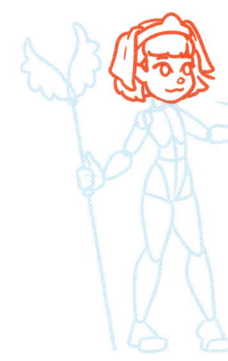

9. Dibuja el cabello con flequillo y media melena y define la forma de la oreja.

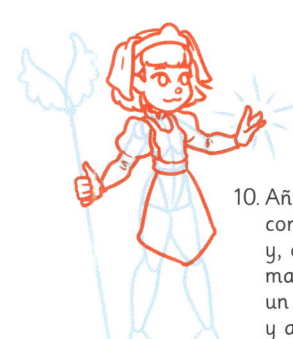

10. Añade el cuello y las mangas con la parte superior abombada y, a continuación, dibuja las manos. Ponle un delantal con un lazo alrededor de la cintura y acabado en punta a la altura de las rodillas.

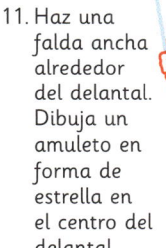

11. Haz una falda ancha alrededor del delantal. Dibuja un amuleto en forma de estrella en el centro del delantal.

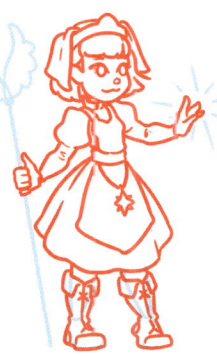

12. Haz las botas con un pliegue en la parte superior y una línea en el medio para los cordones.

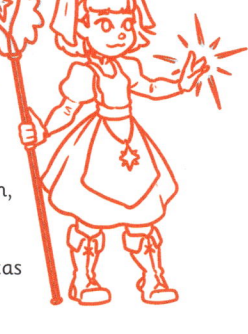

13. Añade más detalles en los rayos de luz y en el bastón, como una estrella de cuatro puntas en lo alto.

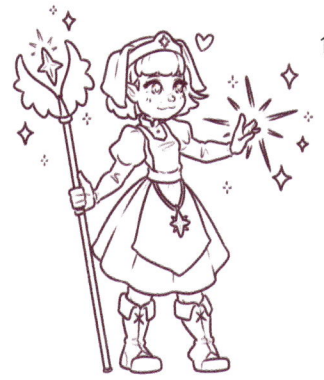

14. Haz el dibujo final sobre el boceto y, después, borra el lápiz con suavidad. Si quieres, puedes añadir unos reflejos y corazones en los ojos del personaje, una gema en el tocado, unos trazos para indicar que tiene las mejillas sonrosadas y destellos a su alrededor.

15. Ahora pinta la ilustración. He optado por una paleta de azules, utilizando los tonos más brillantes para el cabello y los más claros para la estrella del bastón y para el vestido. He pintado las alas del bastón y las estrellas de color dorado para representar los poderes de curación.

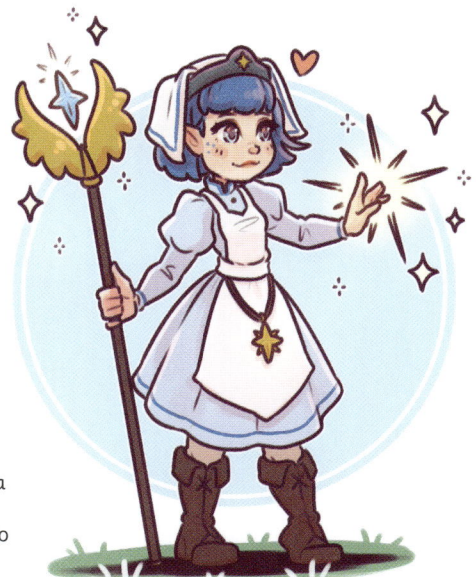

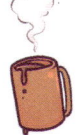

TABERNERA

Esta taberna pertenece a la familia de esta tabernera desde hace generaciones, así que, aunque pueda parecerte dulce y amable mientras te sirve el mejor chocolate caliente de la ciudad, es mejor que no le causes problemas. Provocar una pelea en su taberna es motivo suficiente para que te expulse y te prohíba entrar de por vida.

1. Dibuja una forma redonda para la cabeza y añade una guía en forma de cruz para situar los rasgos faciales. Traza dos óvalos para las orejas y haz el cuello en forma de «U».

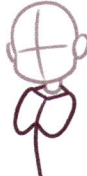

2. Haz la parte superior del cuerpo en forma de «W» y añade una guía curva y larga en el centro.

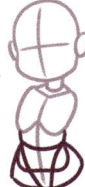

3. Para la parte inferior del cuerpo, traza dos rectángulos alargados. Después, añade un triángulo orientado hacia abajo con un triángulo a cada lado para crear las caderas.

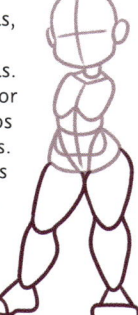

4. Debajo de las caderas, haz los muslos con dos «U» largas y finas. Forma la parte inferior de las piernas con dos «U» más puntiagudas. Después, crea los pies con dos secciones en forma de triángulo y rectángulo.

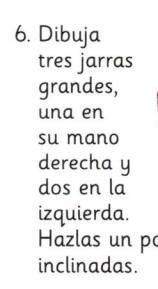

5. Traza unos círculos para hacer los hombros y crea los brazos con una «U» seguida de una lágrima. Inclina los antebrazos para alejarlos del cuerpo. Haz las manos con los puños cerrados y añade un circulito sobre su mano izquierda.

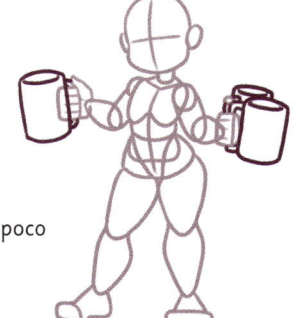

6. Dibuja tres jarras grandes, una en su mano derecha y dos en la izquierda. Hazlas un poco inclinadas.

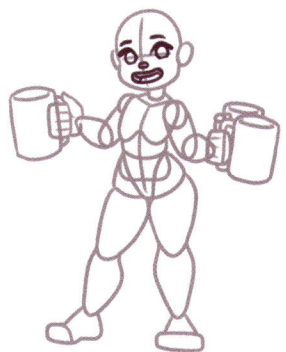

7. Crea los ojos con un círculo y una línea curva a lo largo de la parte superior. Dibuja las cejas, la nariz y una boca sonriente. Añade unas líneas para dibujar los dientes y la lengua.

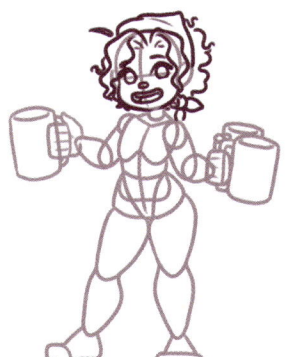

8. Dibújale el cabello corto y rizado con un mechón a cada lado de la cara. Ponle un pañuelo con un triángulo encima y un nudo en la parte inferior de la cabeza.

9. Dibuja una blusa con los hombros descubiertos y con las mangas dobladas por encima de los codos. A continuación, añade el corpiño empezando justo debajo del pecho, con tirantes y varias cruces en el centro.

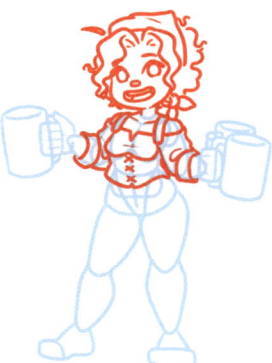

10. Dibuja una falda fruncida sujetándola a su cadera izquierda (quedará encima de otra falda). Presta atención a los pliegues que se forman en la zona fruncida.

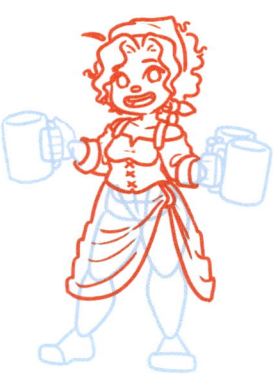

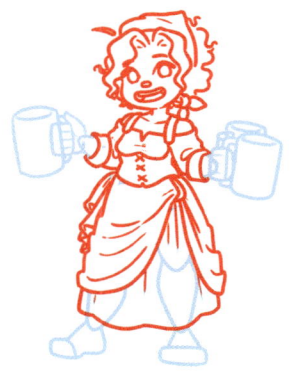

11. Añade la falda de debajo, que llega hasta los tobillos. Después, dibuja un trapo sujetado a la falda junto a su cadera derecha.

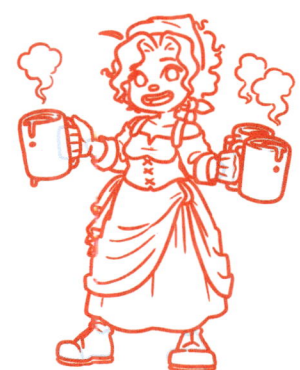

12. Haz las botas. Añade un poco de líquido goteando por las jarras y unas nubes de vapor encima. Dibuja las partes de las manos que no quedan tapadas por las jarras.

13. Haz el dibujo final sobre el boceto y, después, borra el lápiz con suavidad. Si quieres, puedes añadir un poco de rubor en las mejillas del personaje, unos reflejos en los ojos y destellos a su alrededor.

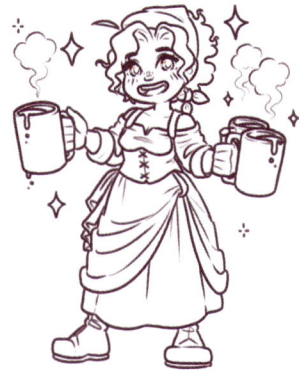

14. Ahora pinta la ilustración. Le he hecho el cabello y el trapo de color rojo, y el vestido y el pañuelo de color verde. La falda de encima la he pintado de un verde más claro, con un estampado a cuadros. Por último, he optado por hacerle el vestido de color crudo y los zapatos marrones.

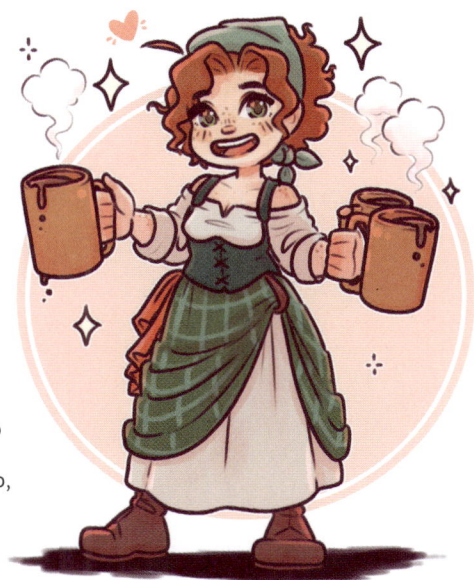

ALQUIMISTA

En la ciudad, puede que te encuentres con una pequeña botica con chimeneas torcidas que expulsan humo de extraños colores a todas horas. Eso significa que allí vive un alquimista que combina las artes de la ciencia y la magia para crear brebajes místicos que podrían dar lugar a resultados imposibles.

1. Dibuja una forma redonda para la cabeza y añade una guía en forma de cruz para situar los rasgos faciales. Traza dos óvalos para las orejas y haz el cuello en forma de «U».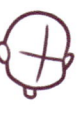

2. Haz la parte superior del cuerpo en forma de «W» y añaden una guía curva y larga en el centro.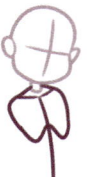

3. Para la parte inferior del cuerpo, dibuja un rectángulo. Después, añade un triángulo orientado hacia abajo con un triángulo vertical más pequeño a cada lado para crear las caderas.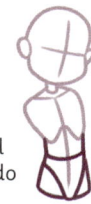

4. Debajo de las caderas, haz los muslos con dos «U» largas y finas. Forma la parte inferior de las piernas con dos «U» más puntiagudas. Después, crea los pies con dos secciones en forma de triángulo y rectángulo. Haz un ligero arco en la planta de su pie izquierdo.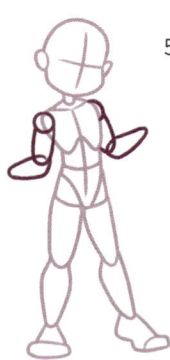

5. Traza unos círculos para hacer los hombros y crea los brazos con una «U» seguida de una lágrima. Inclina los brazos para alejarlos del cuerpo.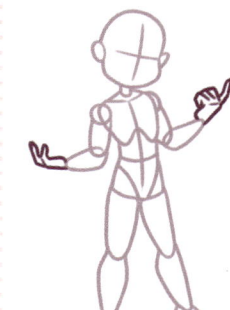

6. Dibuja su mano derecha con la palma hacia arriba. Haz la otra levantada y con el dedo índice señalando hacia arriba.

7. En su mano derecha, dibuja un frasco de pociones redondo. En la otra mano ponle un libro abierto, con la cubierta rectangular y una «V» curva más arriba para crear las páginas.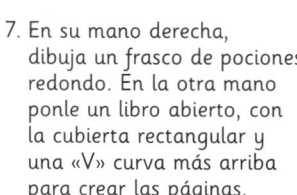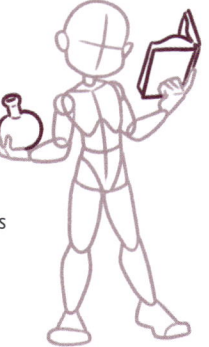

8. Crea los ojos con un círculo y una línea curva a lo largo de la parte superior. Dibuja las cejas, la nariz y una boca en forma de «W» aplanada.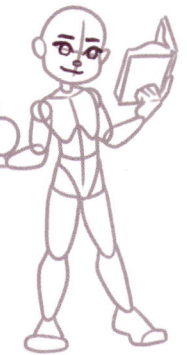

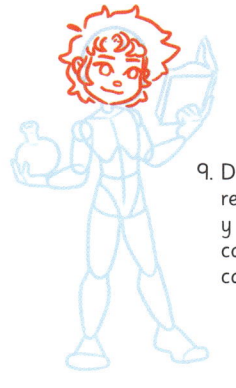

9. Dibújale el cabello corto y revuelto con un flequillo rizado y un mechón a cada lado de la cara. Haz que la mayor parte del cabello vaya hacia su izquierda.

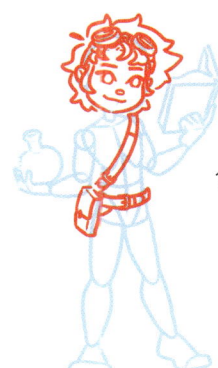

10. Dibújale unas gafas sobre la cabeza. Ponle un cinturón alrededor de las caderas y una correa que vaya desde su hombro izquierdo hasta su cadera derecha. Después, dibuja un pequeño zurrón.

11. Haz un delantal y un jersey con el cuello redondo y las mangas abombadas. Dibuja unas botas altas con un rombo encima de las rodillas. A continuación, añade unos pantalones que vayan metidos dentro de las botas.

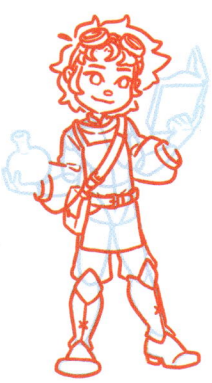

12. Dibuja tres frasquitos insertados en la correa que le cruza el pecho. Añade detalles en el libro, el líquido del frasco y un par de volutas de humo que salgan por la abertura. Dibuja una correa alrededor de cada bota.

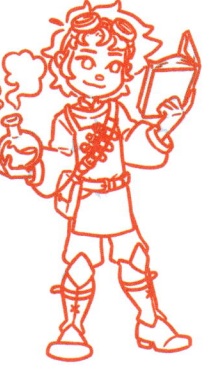

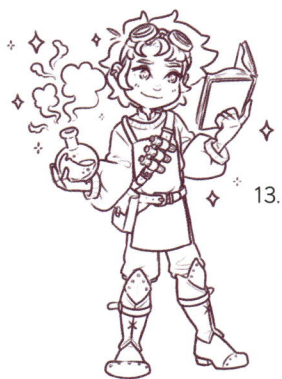

13. Haz el dibujo final sobre el boceto y, después, borra el lápiz con suavidad. Si quieres, puedes añadir unos trazos para indicar que el personaje tiene las mejillas sonrosadas, reflejos en los ojos y destellos a su alrededor.

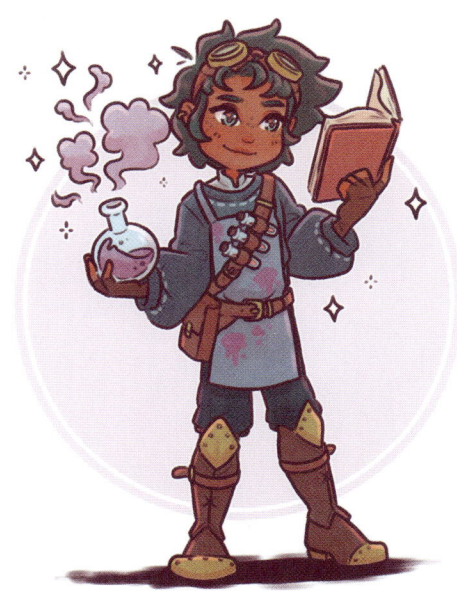

14. ¡Vamos a pintar la ilustración! He utilizado azul oscuro para el jersey y púrpura para el líquido del frasco. Después, he pintado el delantal con un azul y un púrpura más claros, y el cinturón, las correas y las botas de color marrón. He hecho los detalles de las gafas y las botas de color dorado.

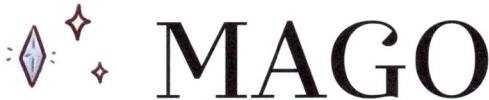 # MAGO

Los magos pasan gran parte de su tiempo estudiando en la gran biblioteca situada en lo alto del castillo de la ciudad. Disponen de unos conocimientos esotéricos tan amplios que los aventureros a menudo acuden a ellos cuando encuentran siniestros objetos encantados. La materia favorita de este mago son las artes arcanas más antiguas.

 1. Dibuja una forma redonda para la cabeza y añade una guía en forma de cruz para situar los rasgos faciales. Traza dos óvalos para las orejas y haz el cuello en forma de «U».

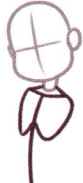 2. Haz la parte superior del cuerpo en forma de «W» y añade una guía curva y larga en el centro.

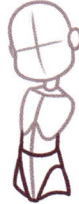 3. Para la parte inferior del cuerpo, dibuja un rectángulo. Después, añade un triángulo orientado hacia abajo con un triángulo pequeño a cada lado para crear las caderas.

4. Debajo de las caderas, dibuja las piernas cruzadas a la altura de los muslos. Haz los muslos con dos «U» largas y finas y añade dos «U» más puntiagudas para formar la parte inferior de las piernas. Después, crea los pies con dos secciones en forma de triángulo y rectángulo. Haz un ligero arco en la planta del pie derecho.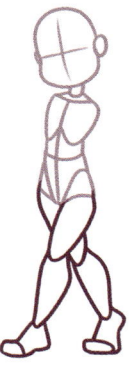

5. Traza unos círculos para hacer los hombros y crea los brazos con una «U» seguida de una lágrima. Inclina los brazos para alejarlos del cuerpo.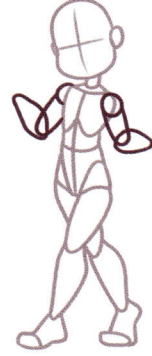

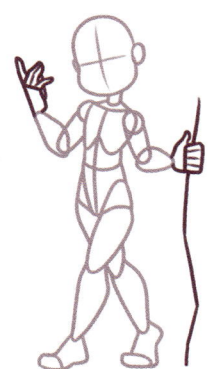 6. Dibuja su mano izquierda con el puño cerrado y el pulgar hacia arriba, y traza una línea irregular para el bastón. Hazle la mano derecha levantada y con los dedos ligeramente abiertos.

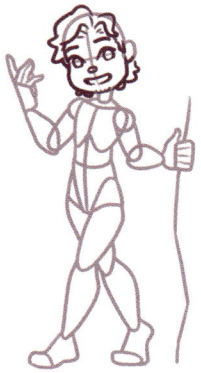 7. Crea los ojos con un círculo y una línea curva a lo largo de la parte superior. Dibuja las cejas, la nariz, la boca y la barba. Ponle un cabello ondulado dejando libre la parte de atrás para luego añadirle una capucha.

8. Dibuja una capucha acabada en punta encima de la cabeza y un broche circular justo debajo del cuello. Añade la capa ondulante empezando por el broche y de modo que le cubra los hombros.

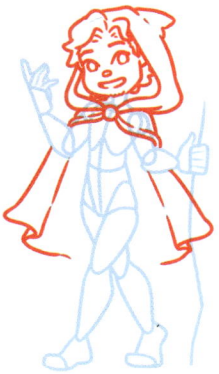

9. Crea la parte delantera del vestido, que lleva debajo de la capa, con un cinturón atado a la cintura. Traza una línea vertical en el centro del vestido. Añade las mangas y las manos.

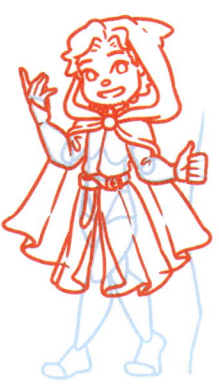

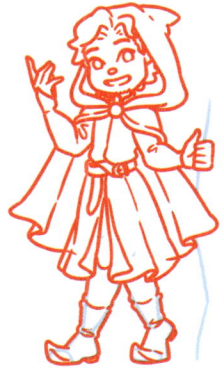

10. Hazle unas botas bajas con las puntas curvadas y dibuja los pantalones.

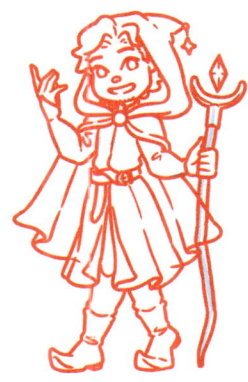

11. Dibuja el bastón con un semicírculo en la parte superior y un diamante flotando encima. En la punta de la capucha, añade un pequeño amuleto en forma de estrella.

12. Haz el dibujo final sobre el boceto y, después, borra el lápiz con suavidad. Si quieres, puedes añadir unos trazos para indicar que el personaje tiene las mejillas sonrosadas, reflejos en los ojos y destellos a su alrededor.

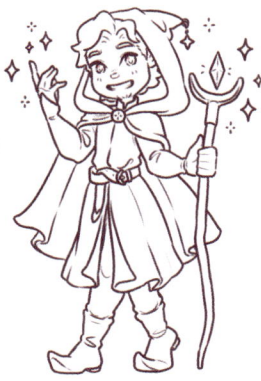

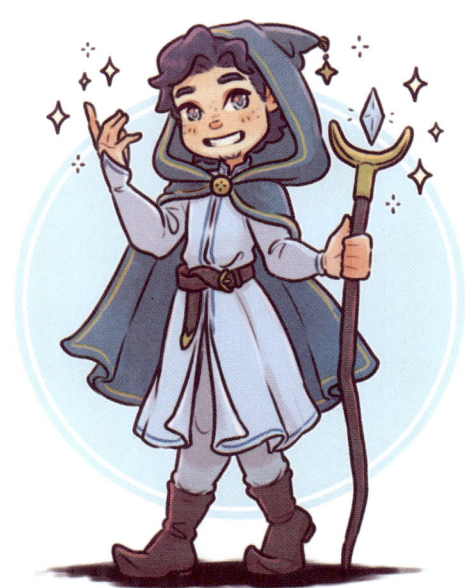

13. Ahora colorea la ilustración. He utilizado diferentes tonos de azul para pintar el cabello, la capa, el vestido, los pantalones y el diamante del bastón. He pintado de color dorado los detalles, como el amuleto en forma de estrella, el broche y el bastón.

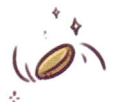

LADRONA

Ten cuidado al visitar el mercado de la ciudad. Cuando menos te lo esperes, el bolso que llevabas lleno de monedas habrá desaparecido. Se rumorea que hay una ladrona con poderes mágicos merodeando por los callejones, ¡pero los guardianes aún no han encontrado a ninguna sospechosa!

1. Dibuja una forma redonda para la cabeza y añade una guía en forma de cruz para situar los rasgos faciales. Haz las orejas en forma de lágrima y añade una «U» para crear el cuello.

2. Haz la parte superior del cuerpo en forma de W y añade una guía curva y larga en el centro.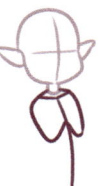

3. Para la parte inferior del cuerpo, dibuja un rectángulo. Después, añade un triángulo orientado hacia abajo con un triángulo vertical más pequeño a cada lado para crear las caderas.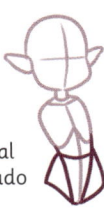

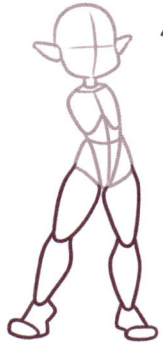 4. Debajo de las caderas, haz los muslos con dos «U» largas y finas. Forma la parte inferior de las piernas con dos «U» más puntiagudas. Después, crea los pies con dos secciones en forma de triángulo y rectángulo. Haz un ligero arco en la planta de su pie derecho.

5. Traza unos círculos para hacer los hombros y crea los brazos con una «U» seguida de una lágrima. Inclina los brazos de modo que el derecho apunte hacia la cadera y el izquierdo hacia arriba.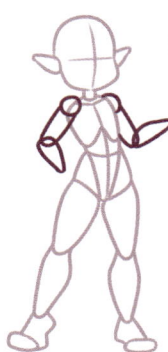

6. Dibuja su mano derecha con el puño cerrado y apoyada en la cadera, y la izquierda con el dedo índice señalando hacia arriba.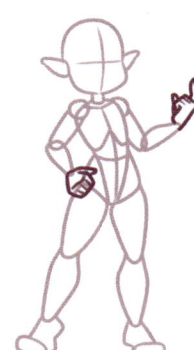

7. Añade dos grandes cuernos curvos en la cabeza y una cola ondulada que comience en la cadera y termine como la punta de una flecha.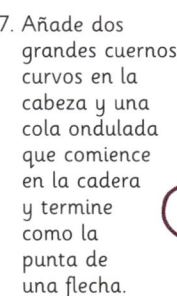

8. Crea los ojos con un círculo y una línea curva a lo largo de la parte superior. Haz las cejas, la nariz y una boca en forma de «W» aplanada. Añade un punto debajo de la boca para hacerle un *piercing* en el labio.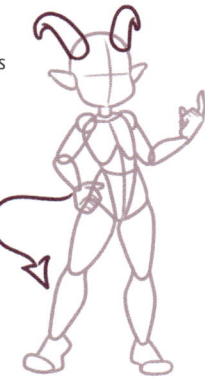

9. Dibújale un flequillo entre los cuernos y un mechones ondulado delante de cada oreja. Después, haz una trenza larga y curva detrás de la cabeza con un lazo atado al final.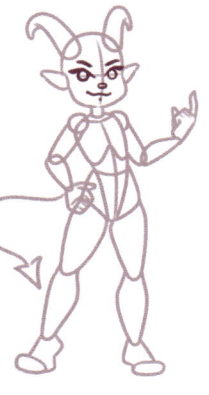

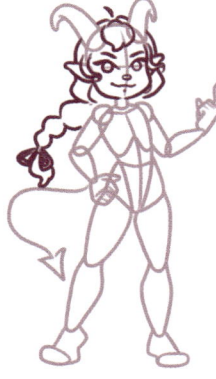

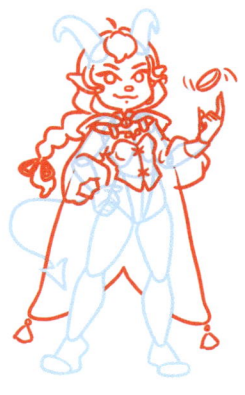

10. Dibuja una capa con capucha, con un borde inferior bifurcado y borlas en las puntas. Haz un corpiño y una blusa por debajo con mangas anchas y puños ceñidos a las muñecas. Dibuja su mano izquierda con un óvalo encima para hacer que lanza una moneda al aire.

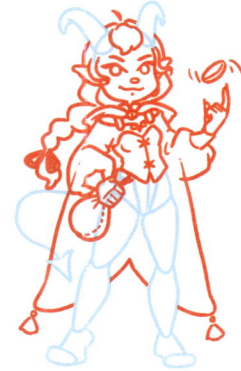

11. Añade la mano derecha de modo que sostenga una bolsita de monedas. Traza el contorno de la bolsa y crea la costura con una línea discontinua.

12. Añade un cinturón alrededor de las caderas. En su lado izquierdo, dibuja un pequeño puñal. Hazle unos pantalones ajustados y unas botas altas con la parte superior doblada y una puntera curvada.

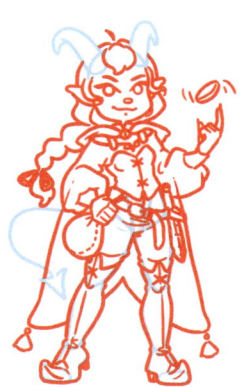

13. Haz unos anillos alrededor de los cuernos y aumenta el grosor de la cola.

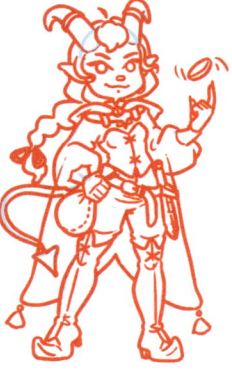

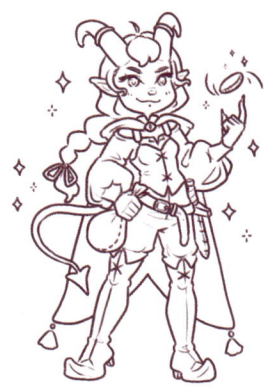

14. Haz el dibujo final sobre el boceto y, después, borra el lápiz con suavidad. Si quieres, puedes añadir unos trazos para indicar que el personaje tiene las mejillas sonrosadas, reflejos en los ojos y destellos a su alrededor.

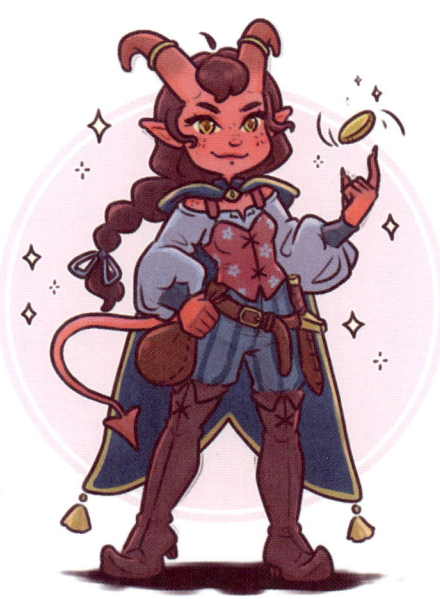

15. Ahora colorea la ilustración. He pintado la piel y el corpiño de color rojo, y la capa, la blusa, el lazo del pelo y los pantalones de color azul. Para darle un aire más desenfadado, he añadido un estampado floral al corpiño y he dibujado rayas a los pantalones.

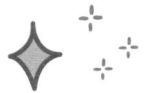

CABALLERO

Los caballeros dedican su vida a proteger a la familia real de la ciudad, aunque esto implique luchar contra un dragón o una horda de muertos vivientes, cosa que harán con mucho gusto. La princesa es a quien resulta más difícil proteger, dada su costumbre de escaparse por las ventanas y meterse en problemas.

1. Dibuja una forma redonda para la cabeza y añade una guía en forma de cruz para situar los rasgos faciales. Haz las orejas en forma de lágrima y añade una «U» para crear el cuello.

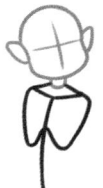

2. Dibuja la parte superior del cuerpo en forma de «W» y añade una guía curva y larga en el centro.

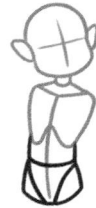

3. Para la parte inferior del cuerpo, dibuja un rectángulo. Después, añade un triángulo orientado hacia abajo con un triángulo vertical más pequeño a cada lado para crear las caderas.

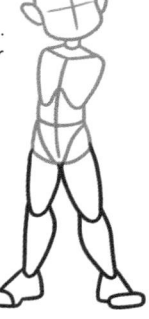

4. Debajo de las caderas, haz los muslos con dos «U» largas y finas. Forma la parte inferior de las piernas con dos «U» más puntiagudas. Después, crea los pies con dos secciones en forma de triángulo y rectángulo.

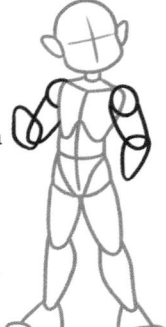

5. Traza unos círculos para hacer los hombros y crea los brazos con una «U» seguida de una lágrima. Inclina el brazo derecho de modo que forme una «V». Haz que el brazo izquierdo apunte hacia abajo.

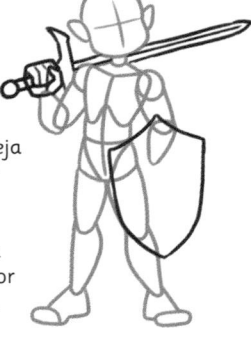

6. Haz la mano derecha sosteniendo la espada. Dibuja la guarda junto a la oreja y la hoja por detrás de la cabeza. Pon un escudo en el lado inferior izquierdo del cuerpo.

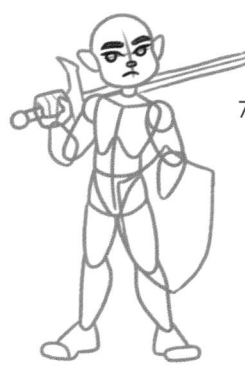

7. Crea los ojos con un círculo y una línea curva a lo largo de la parte superior. Dibuja las cejas, la nariz y una boca con una expresión hostil.

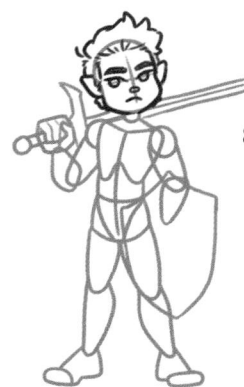

8. Define la cara y las orejas. Dibuja el cabello de punta por arriba y corto por los lados.

9. Dibuja las hombreras y la coraza, con el cuello del jubón debajo. Detalla el escudo haciéndole un borde y una cruz tenue para darle un poco de forma.

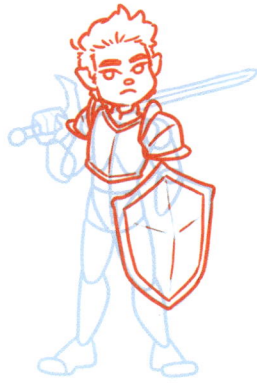

10. Dibuja la parte inferior del jubón con un diseño de cuadrícula en diagonal. Añade un cinturón y una funda con un triángulo alargado en la cadera. Haz los pantalones, las grebas (armadura de la parte inferior de la pierna) y los zapatos.

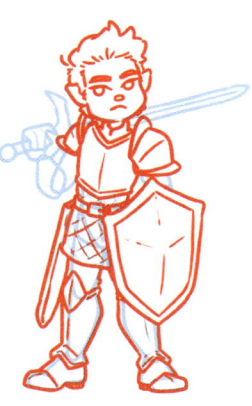

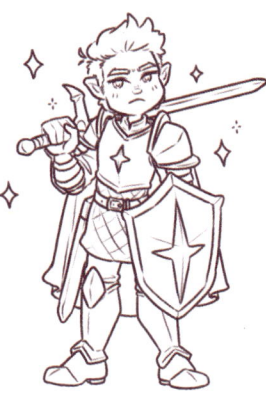

11. Añade las mangas bajo las hombreras y, en los antebrazos, dibuja unas correas con anillas para conectar los brazales (armadura para las muñecas). Haz la mano y los detalles de la espada.

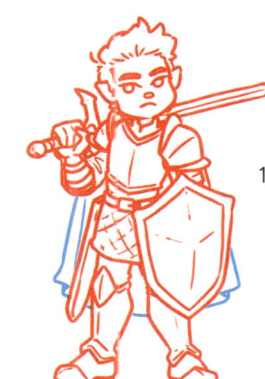

12. Dibuja una capa detrás del cuerpo con la parte inferior ondulada y varios pliegues.

13. Haz el dibujo final sobre el boceto y, después, borra el lápiz con suavidad. Si quieres, puedes añadir unos trazos para indicar que el personaje tiene las mejillas sonrosadas, una estrella en el pecho y otras en el escudo, reflejos en los ojos y destellos a su alrededor.

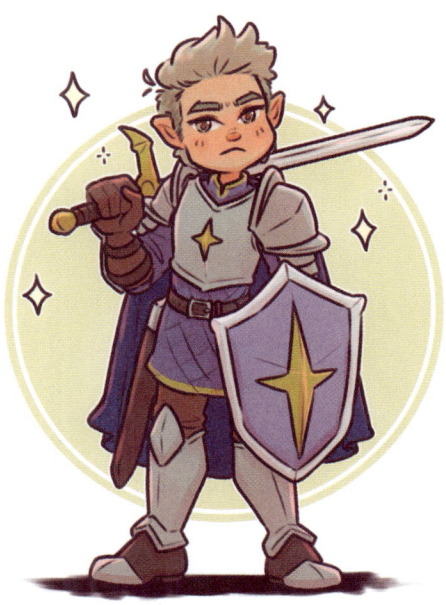

14. Por último, ¡vamos a darle color! He usado púrpura para la ropa y el escudo, y un tono plateado para la armadura y la espada. He pintado de color dorado los detalles, como la guarda de la espada y las estrellas.

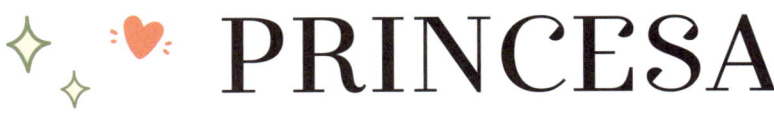# PRINCESA

La futura reina de estas tierras desea que su pueblo tenga un gran porvenir. Sin embargo, también sueña con vivir aventuras y emprender una travesía por tierras desconocidas y mágicas.

1. Dibuja una forma redonda para la cabeza y añade una guía en forma de cruz para situar los rasgos faciales. Traza un óvalo para la oreja y haz el cuello en forma de «U».

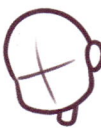

2. Haz la parte superior del cuerpo en forma de «W» y añade una guía curva y larga en el centro.

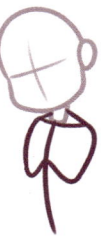

3. Desde la parte inferior de la «W», dibuja un triángulo orientado hacia abajo con un triángulo vertical a cada lado para crear las caderas.

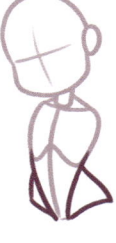

4. Haz los muslos con dos óvalos grandes y las rodillas con dos círculos.

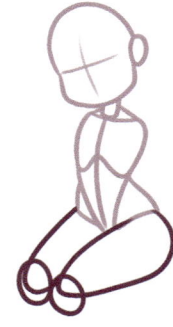

5. Añade dos «U» alargadas y finas para crear la parte inferior de las piernas, de modo que la izquierda esté un poco inclinada hacia afuera. Crea los pies con dos secciones en forma de triángulo y rectángulo. Haz un ligero arco en las plantas de los pies.

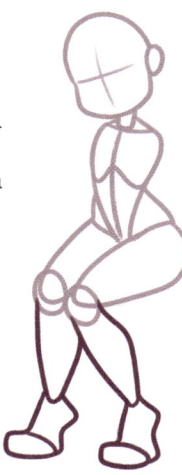

6. Traza unos círculos para hacer los hombros y crea los brazos con una «U» seguida de una lágrima. Inclina su brazo derecho hacia arriba, de modo que forme una «V», y el izquierdo hacia fuera, alejándose del cuerpo.

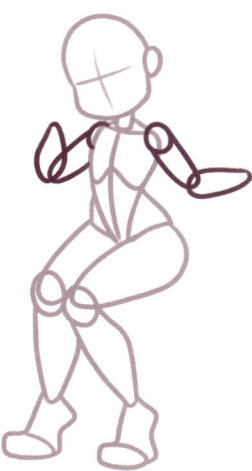

7. Dibuja su mano derecha con el puño cerrado, como punto de apoyo de la cabeza. Haz la mano izquierda en una posición relajada con la palma hacia abajo.

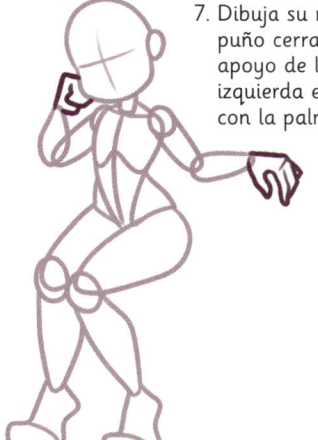

8. Crea los ojos con un círculo y una línea curva a lo largo de la parte superior. Dibuja las cejas, la nariz y una boca en forma de «W» aplanada.

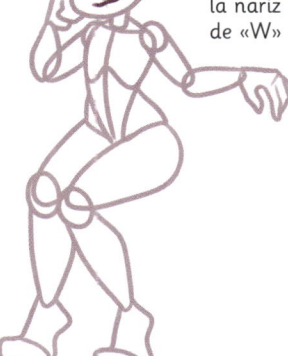

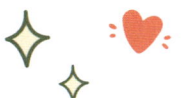

PRINCESA

(continuación)

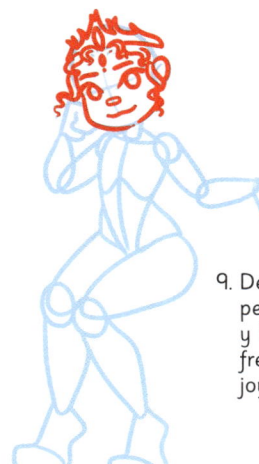

9. Define la cara y la oreja. Añade pelo rizado en la parte superior y los lados de la cara. Sobre la frente, dibuja una tiara con una joya ovalada en el centro.

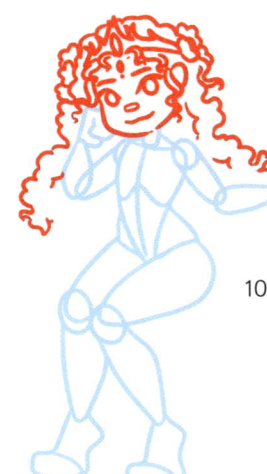

10. Dibuja el resto del largo cabello de modo que le cubra los hombros. Para que quede rizado, dibuja muchos trazos curvos pequeños (como si fueran nubecitas). A los lados de la tiara, añade unas flores.

11. Dibuja el cuello y los hombros. Haz el vestido con un escote y hombros descubiertos, mangas onduladas que caigan desde los antebrazos y una falda larga que le cubra los pies y se deslice por los escalones del trono (consulta el paso 13). Añade las manos.

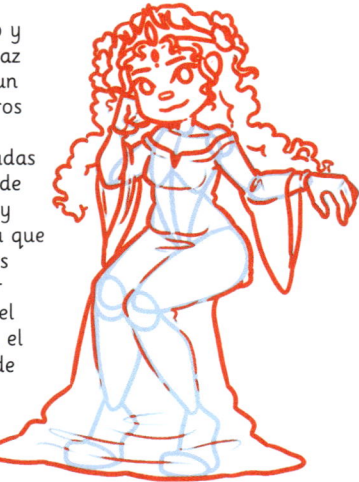

12. Alrededor de la figura, dibuja los brazos curvados del trono y el asiento. Los brazos del trono quedan debajo del codo derecho del personaje y de su mano izquierda. Haz que el trono sea más visible en el lado derecho del dibujo.

13. Dibuja la pata derecha del trono y dos escalones.

14. Alrededor de la base del trono, añade flores y hojas.

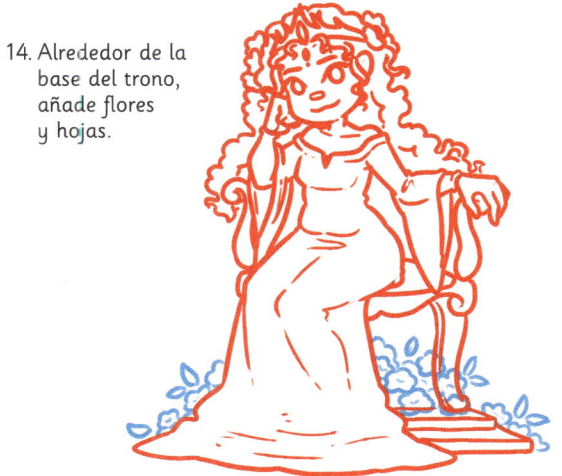

15. Haz el dibujo final sobre el boceto y, después, borra el lápiz con suavidad. Si quieres, puedes añadir unos trazos para indicar que el personaje tiene las mejillas sonrosadas, reflejos en los ojos, un elegante collar y destellos a su alrededor.

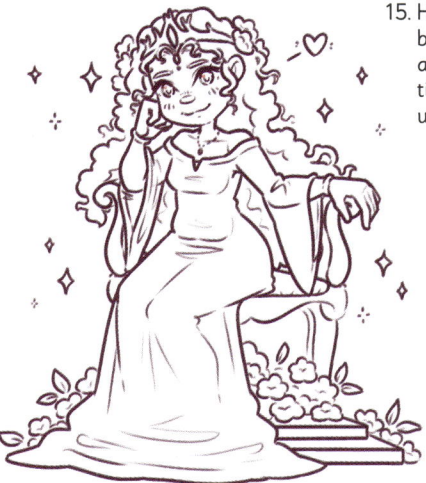

16. ¡Hora de colorear! He elegido un tono melocotón para el vestido, rosa claro para las mangas de debajo y dorado para los ribetes. El trono lo he pintado de color marrón para darle una textura de madera y las flores las he hecho rosas.

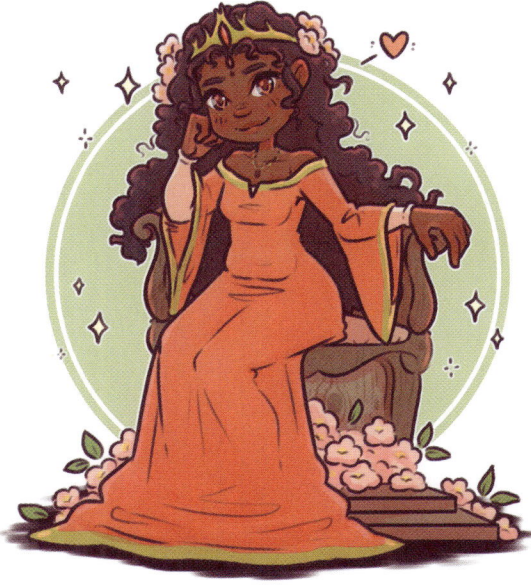

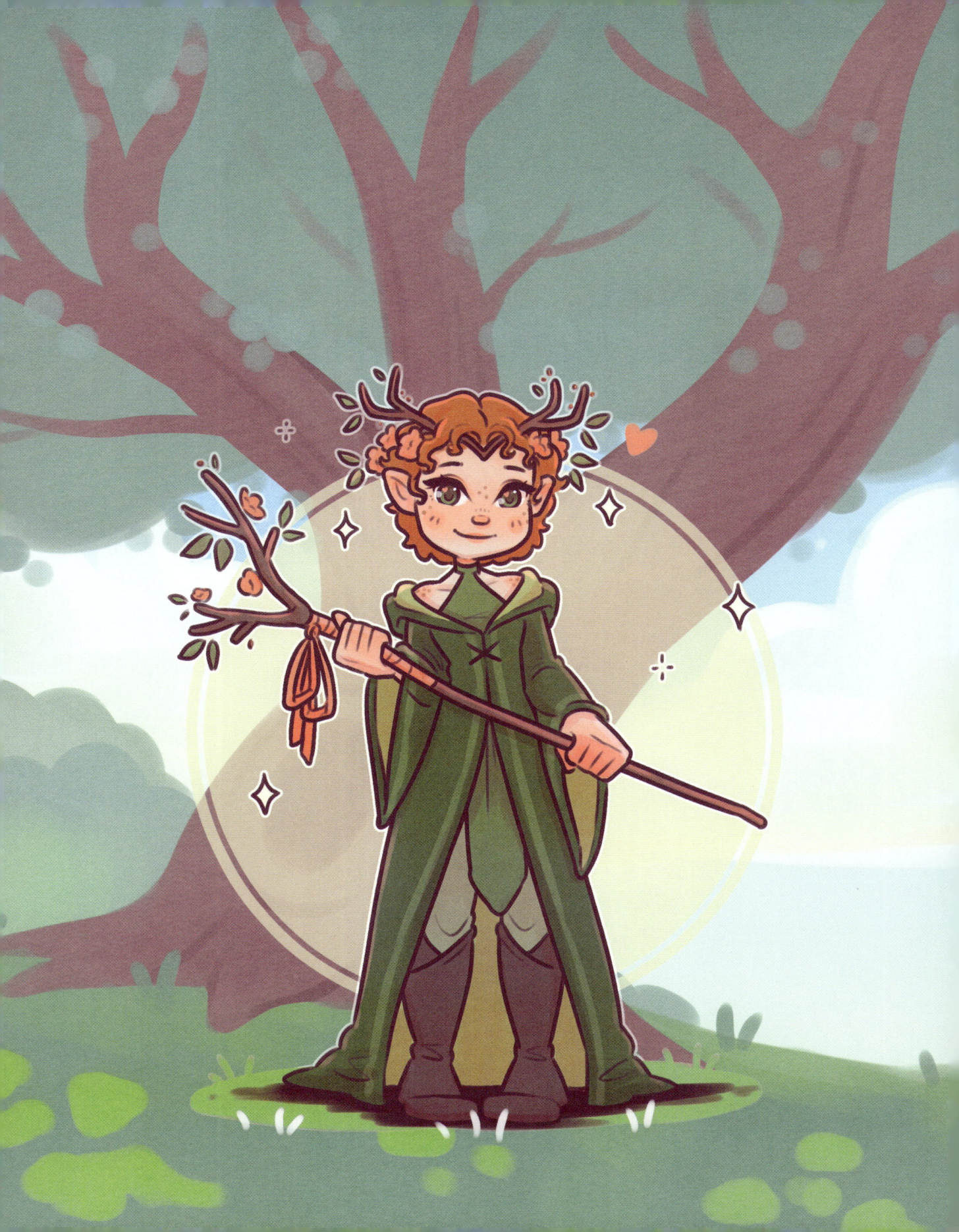

EL BOSQUE ANCESTRAL

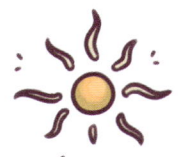

ELFA DE LA LUZ

Esta elfa de la luz, uno de los seres más poderosos del Bosque Ancestral, pasa su existencia inmortal actuando como guía y protectora de la región. Cuando se siente sola, sale del bosque para conversar con las criaturas inmortales que habitan en otros territorios.

1. Dibuja una forma redonda para la cabeza y añade una guía en forma de cruz para situar los rasgos faciales. Traza un triángulo a cada lado para crear las orejas puntiagudas y haz el cuello con una «U».

2. Haz la parte superior del cuerpo en forma de «W» y añade una guía curva y larga en el centro.

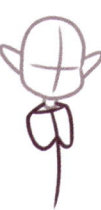

3. Añade un rectángulo parcial para completar el torso. Dibuja un triángulo orientado hacia abajo para hacer la parte inferior del cuerpo y un triángulo vertical más pequeño a cada lado para crear las caderas.

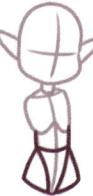

4. Dibuja las piernas con dos «U» largas seguidas de dos rombos. Crea los pies con dos secciones en forma de triángulo y rectángulo.

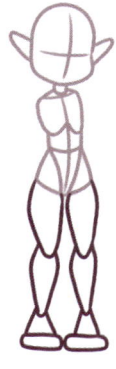

5. Traza unos círculos para hacer los hombros y, después, crea los brazos haciendo una «U» seguida de una forma de lágrima. Inclina la parte inferior de los brazos para flexionarlos y alejarlos del cuerpo.

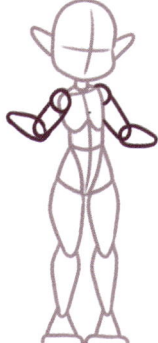

6. Haz su mano derecha con el dedo índice señalando hacia un sol, y la izquierda con el puño cerrado y una línea recta para el bastón.

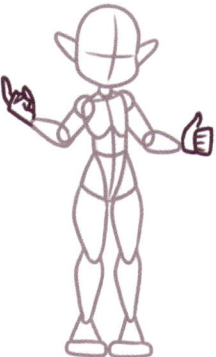

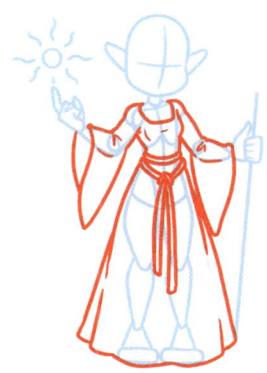

7. Dibuja el vestido con un escote cuadrado, mangas holgadas y una falda larga y vaporosa. Añade un cinturón que se anude dos veces alrededor de la cintura.

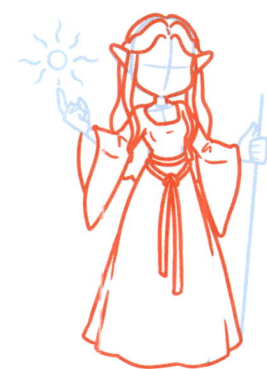

8. Haz el contorno de la cara, las orejas y el cuello. Dibuja el cabello con un mechón delante de cada oreja y los brazos.

9. En la frente, crea una delicada diadema que le rodee la cabeza trazando una línea y un sol central con rayos en la parte inferior. Dibuja las manos, el sol y el bastón. En la punta del bastón, añade una medialuna con un óvalo flotando en la parte cóncava.

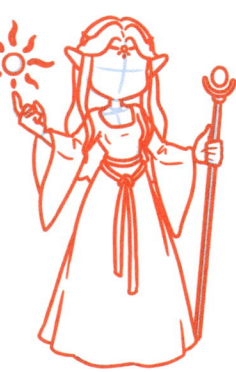

10. Crea los ojos con un círculo y una línea curva a lo largo de la parte superior. Dibuja las cejas, la nariz y una boca en forma en «W» aplanada. Añade unos trazos en las mejillas para indicar que están sonrosadas.

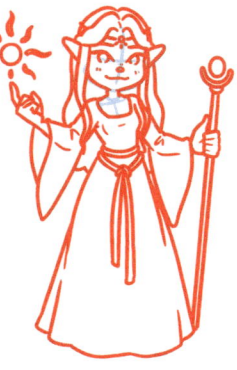

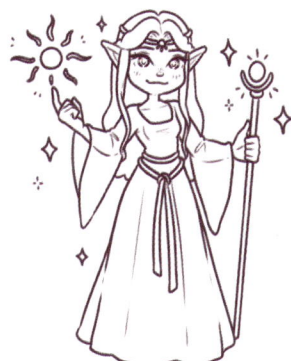

11. Haz el dibujo final sobre el boceto y, después, borra el lápiz con suavidad. Si quieres, puedes añadir reflejos y corazones en los ojos del personaje y unos destellos a su alrededor.

12. Para pintar la ilustración, he elegido un azul pálido para el vestido, los ojos y la gema del bastón, y un rubio claro para el cabello. He hecho los detalles dorados para que combinen con el tono áureo de la luz mágica.

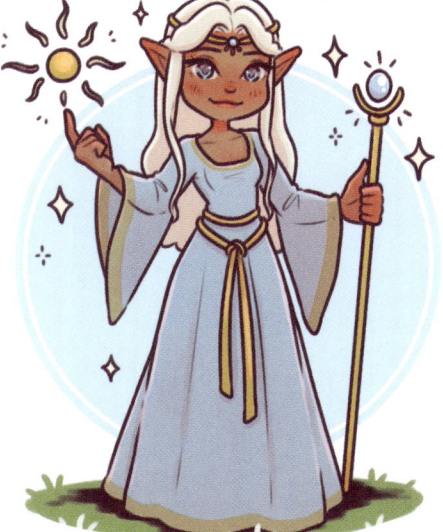

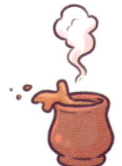

GNOMO

Encontrarás a este gnomo en una pequeña aldea situada a las afueras del bosque, disfrutando de un agradable paseo mientras se toma una buena taza de té. Aunque solo mide la mitad que un hombre normal, no hay mejor compañero para ir de excursión o mejor guía para adentrarse en el bosque.

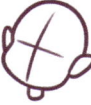

1. Dibuja una forma redonda para la cabeza y añade una guía en forma de cruz para situar los rasgos faciales. Haz dos orejas en forma de lágrima y añade una «U» para crear el cuello.

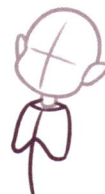

2. Haz la parte superior del cuerpo en forma de «W» y añade una guía curva y larga en el centro.

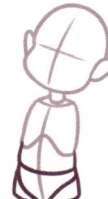

3. Para la parte inferior del cuerpo, dibuja un rectángulo con un trapecio debajo. Para crear las caderas, divide el trapecio en tres triángulos más pequeños haciendo dos líneas diagonales.

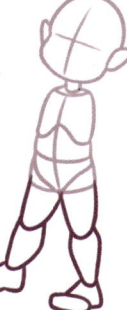

4. Debajo de las caderas, haz los muslos con dos «U» largas y finas. Forma la parte inferior de las piernas con dos «U» más puntiagudas. Después, crea los pies con dos secciones en forma de triángulo y rectángulo. Hazle el pie derecho un poco alzado.

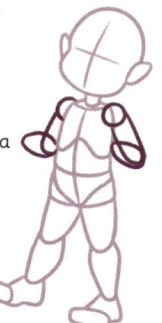

5. Traza unos círculos para hacer los hombros y crea los brazos con una «U» seguida de una lágrima. Inclina los brazos para que apunten hacia la izquierda de la ilustración.

6. Junto a su brazo derecho dibuja una taza en forma de «U» con una curva encima y un pequeño rectángulo debajo. Hazle la mano sosteniendo la taza. Dibuja la otra mano con el puño cerrado.

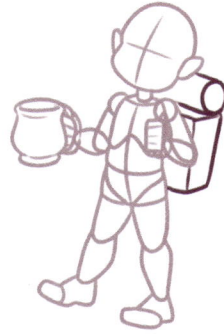

7. Dibuja un bloque rectangular detrás del cuerpo, en el lado derecho del dibujo, para crear la mochila. Añade un cilindro en la parte superior para el saco de dormir.

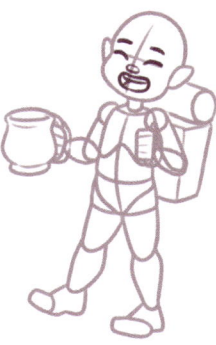

8. Traza dos arcos para hacerle los ojos cerrados y, encima, añade las cejas. Dibuja la nariz y una boca sonriente. Con unas líneas, crea los dientes y la lengua.

9. Dibuja el cabello corto y rizado con mechones alrededor de la cara. Añádele un gorro frigio. Define la cara y las orejas.

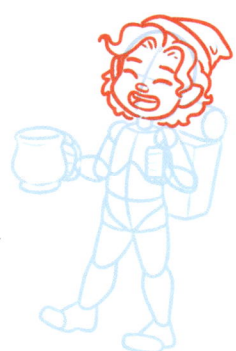

10. Dibuja el chaleco. Añade el cuello de la camisa y unos puntitos, que representarán los botones del chaleco. Haz las correas de la mochila sobre los hombros de modo que el personaje sostenga una con su mano izquierda. Haz los pantalones y las botas.

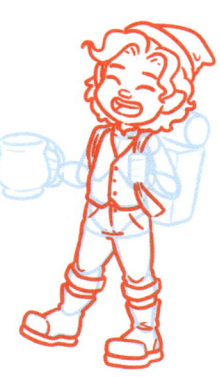

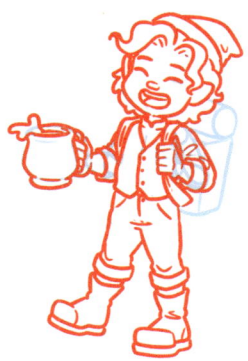

11. Dibuja las mangas dobladas por encima de los codos y luego los brazos, las manos y la taza. Añade el té que cae por el borde de la taza.

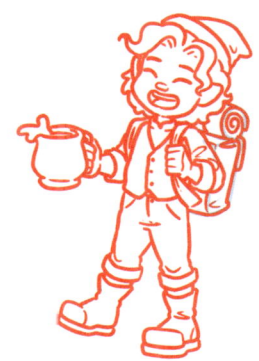

12. Añade los detalles de la mochila, como una solapa en la parte superior y una espiral en el lado del saco de dormir.

13. Haz el dibujo final sobre el boceto y, después, borra el lápiz con suavidad. Traza unos trazos para indicar que el personaje tiene las mejillas sonrosadas y reflejos en los ojos. Si quieres, dibuja una nube de vapor sobre la taza y algunas gotas de té.

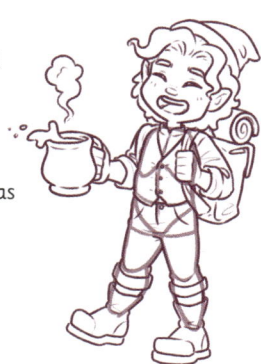

14. Ahora pinta la ilustración. He utilizado colores que suelen verse en el bosque, como rojo ladrillo para el chaleco y la taza, y verde para el saco de dormir y los pantalones. He optado por el marrón para el gorro, la mochila y las botas, y por el naranja para el té.

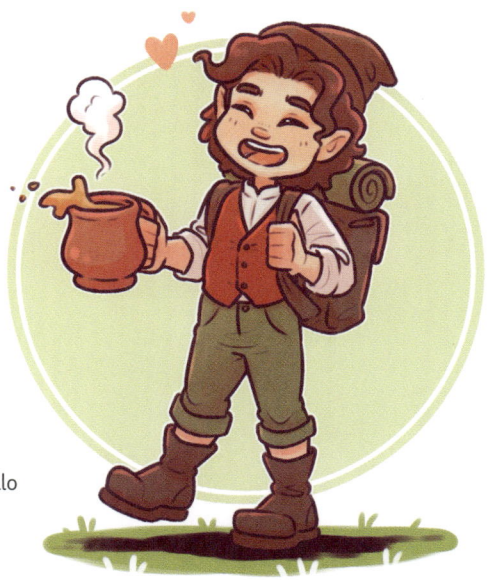

✦ ELFA DEL BOSQUE

Cuando entres en el Bosque Ancestral, ten en cuenta que los elfos del bosque te estarán observando. Son expertos en técnicas de camuflaje y tiro con arco, así que debes comportarte siempre correctamente, aunque no puedas verlos.

1. Dibuja una forma redonda para la cabeza y añade una guía en forma de cruz para situar los rasgos faciales. Traza un triángulo a cada lado para crear las orejas puntiagudas y haz el cuello con una «U».

2. Haz la parte superior del cuerpo en forma de «W» y añade una guía curva y larga en el centro.

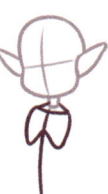

3. Para la parte inferior del cuerpo, dibuja un rectángulo. Después, añade un triángulo orientado hacia abajo un triángulo vertical más pequeño a cada lado para crear las caderas.

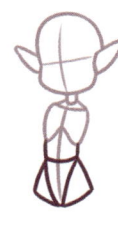

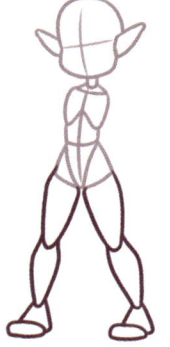

4. Debajo de las caderas, haz los muslos con dos «U» largas y finas. Forma la parte inferior de las piernas con dos «U» más puntiagudas. Después, crea los pies con dos secciones en forma de triángulo y rectángulo.

5. Traza unos círculos para hacer los hombros y crea los brazos con una «U» seguida de una lágrima. Hazle el brazo derecho alzado y flexionado, formando un ángulo de 90°, y el izquierdo apuntando hacia abajo.

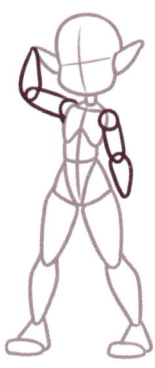

6. Dibújale la mano derecha con dos dedos apuntando hacia arriba, y la izquierda curvada y a la altura del muslo.

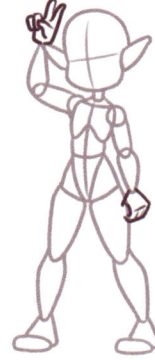

7. Para hacer el arco que sostiene con la mano izquierda, traza un rectángulo central con dos extremos curvos que se estrechen en las puntas.

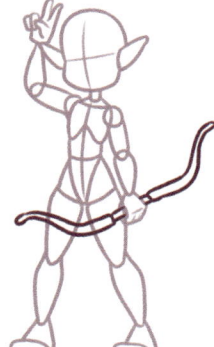

8. Crea los ojos con un círculo y una línea curva a lo largo de la parte superior. Dibuja las cejas con dos líneas inclinadas y luego la nariz y una boca con una expresión hostil.

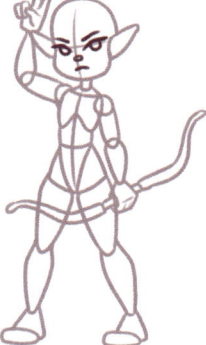

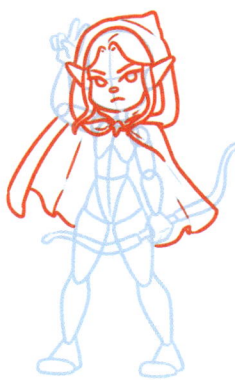

9. Añade las orejas y una capucha acabada en punta. Dibuja la parte delantera del cabello con unos mechones ondulados por delante de las orejas. Hazle un broche de tres puntas debajo del cuello y una capa que se deslice por detrás del cuerpo.

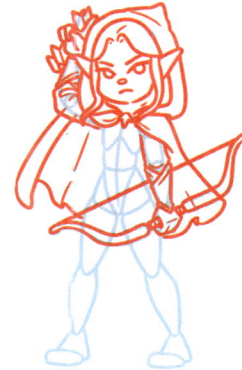

10. Dibuja las mangas y, alrededor de los antebrazos, unos brazales cruzados (protección para las muñecas). Junto a su mano derecha, dibuja las puntas de las flechas y colócale una entre los dedos. Añade el arco y la cuerda.

11. Para crear el jubón, dibuja la pieza que cuelga por la parte delantera y luego añade la de debajo, que tiene dos aberturas en las caderas. Hazle un cinturón anudado con un extremo puntiagudo colgando.

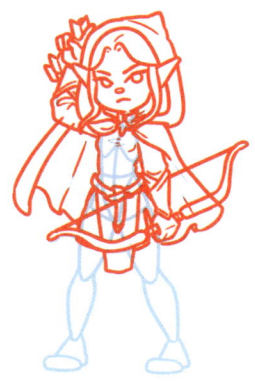

12. Añade las piernas haciéndole unos pantalones ajustados y unas botas altas cruzadas que le lleguen justo por debajo de la rodilla.

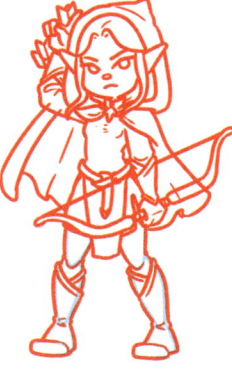

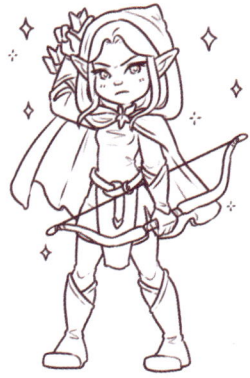

13. Haz el dibujo final sobre el boceto y, después, borra el lápiz con suavidad. Si quieres, puedes añadir unos trazos para indicar que el personaje tiene las mejillas sonrosadas, reflejos en los ojos y destellos a su alrededor.

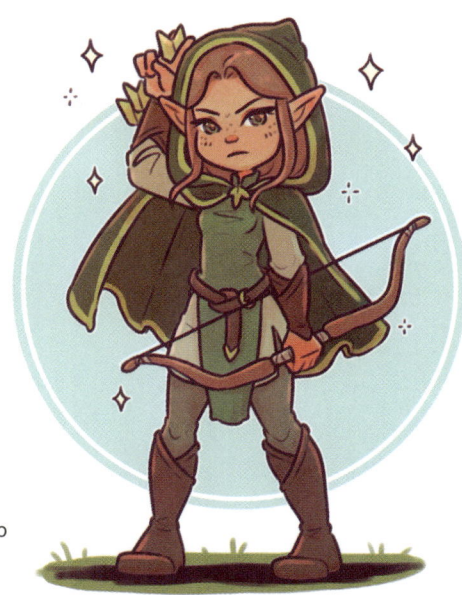

14. Ahora colorea la ilustración. He elegido una paleta de tonos verdes para que la elfa pueda mimetizarse con el bosque. He hecho la capa de un verde más oscuro que el vestido y le he añadido unos ribetes dorados. La pieza de debajo del jubón y los pantalones son grises. Después, he pintado los brazales, el cinturón y las botas de color marrón.

DUENDE

El bosque está lleno de duendes traviesos que atraen a los viajeros que se han perdido para llevarlos a lugares extraños. Este duendecillo alado no es una excepción. Le encanta dejarlos caer en mitad de alguna celebración en la que participen hadas y duendes.

1. Dibuja una forma redonda para la cabeza y añade una guía en forma de cruz para situar los rasgos faciales. Traza dos triángulos para crear las orejas puntiagudas.

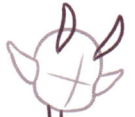

2. Añade dos antenas curvas, como las de las polillas, encima de la cabeza y haz el cuello con una «U».

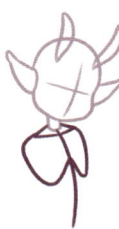

3. Haz la parte superior del cuerpo en forma de «W» y añade una guía curva y larga en el centro.

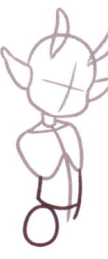

4. Termina la parte superior del cuerpo con un rectángulo parcial. Dibuja un círculo debajo de la esquina izquierda y prolonga el lado derecho del rectángulo de modo que forme una ligera curva.

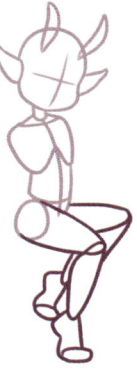

5. Debajo de las caderas, haz los muslos con dos «U» largas y finas. Forma la parte inferior de las piernas con dos «U» más puntiagudas. Colócale la pierna derecha de manera que cubra un poco la izquierda. Dibuja los pies con dos secciones.

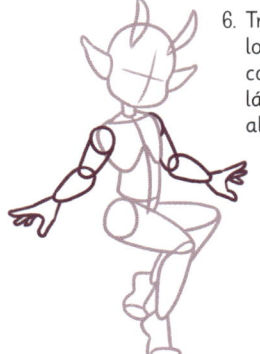

6. Traza unos círculos para hacer los hombros y crea los brazos con una «U» seguida de una lágrima. Inclina los brazos para alejarlos del cuerpo y añade la forma de las manos con los dedos extendidos.

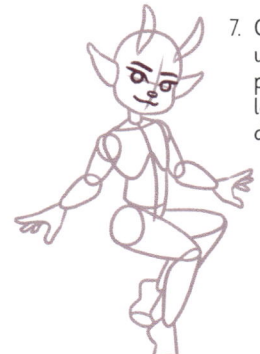

7. Crea los ojos con un círculo y una línea curva a lo largo de la parte superior. Dibuja las cejas, la nariz y una boca en forma de «W» aplanada.

8. Dibújale el cabello corto y rizado con dos mechones que le caigan por delante de las orejas. Define la cara y las orejas, y añade un poco de vello a las antenas.

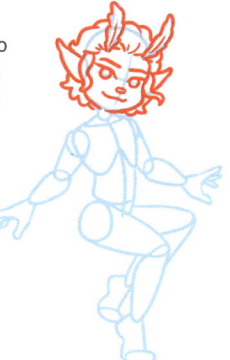

9. Dibuja una camisa corta, holgada, de cuello ancho y con una «X» en el centro. Añade las mangas anchas con los puños abiertos de modo que cubran ligeramente las manos. Dibuja las manos.

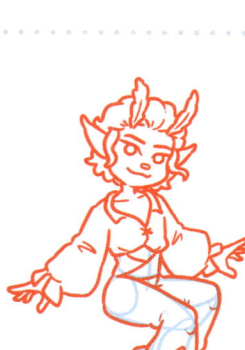

10. Hazle una faja ancha y bien ceñida alrededor la cintura y luego unos pantalones que queden metidos en las botas. Fíjate donde se forman los pliegues de los pantalones: en las rodillas y por encima de las botas. Dibuja las botas acabadas en punta.

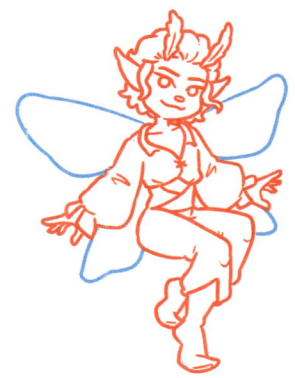

11. Añade un par de alas triangulares redondeadas por detrás de los hombros y otro par inclinadas hacia abajo.

12. Haz el dibujo final sobre el boceto y, después, borra el lápiz con suavidad. Si quieres, puedes añadir unos trazos para indicar que el personaje tiene las mejillas sonrosadas, reflejos en los ojos y destellos a su alrededor.

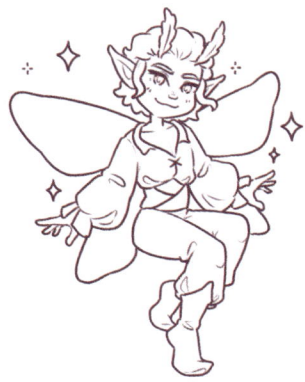

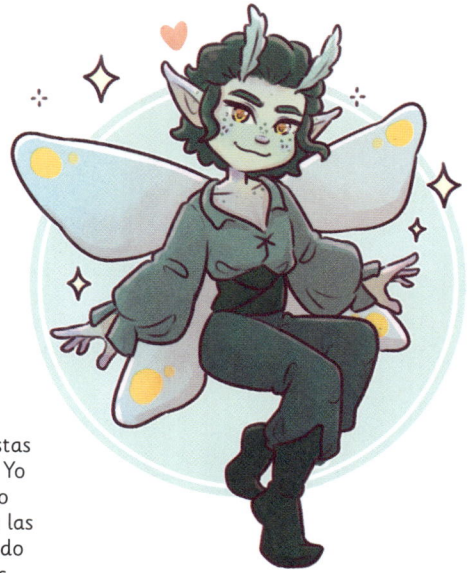

13. Ahora colorea la ilustración. Puedes pintar estas criaturas mágicas de los colores que quieras. Yo he utilizado unos tonos verde y verde azulado para las antenas, el pelo y la ropa. He hecho las sombras de un tono púrpura claro y he pintado de amarillo los ojos y las manchas de las alas.

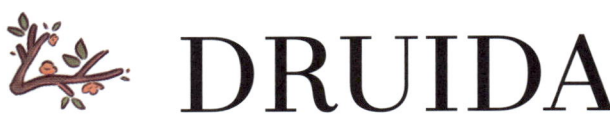

DRUIDA

Los druidas son magos que se especializan en la magia relacionada con la naturaleza. Viven en las profundidades del bosque con los elementales, ya que sus comunidades mágicas están intrínsecamente ligadas entre sí.

1. Dibuja una forma redonda para la cabeza y añade una guía en forma de cruz para situar los rasgos faciales. Haz las orejas en forma de lágrima y añade una «U» para crear el cuello.

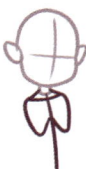

2. Haz la parte superior del cuerpo en forma de «W» y añade una guía curva y larga en el centro.

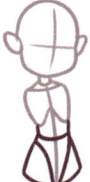

3. Para la parte inferior del cuerpo, dibuja un rectángulo. Después, añade un triángulo orientado hacia abajo con un triángulo vertical más pequeño a cada lado para crear las caderas.

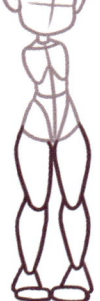

4. Debajo de las caderas, haz los muslos con dos «U» largas y finas. Forma la parte inferior de las piernas con dos «U» más puntiagudas. Después, crea los pies con dos secciones en forma de triángulo y rectángulo. Haz que las puntas de los pies se toquen.

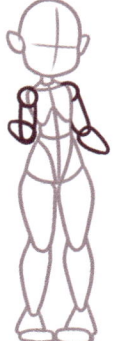

5. Traza unos círculos para hacer los hombros y crea los brazos con una «U» seguida de una lágrima. Inclina su brazo derecho hacia arriba formando una «V» y haz que el izquierdo apunte hacia abajo.

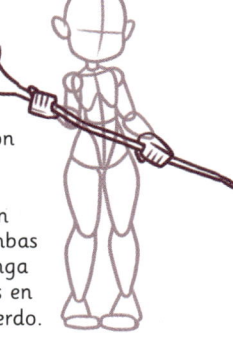

6. Dibújale la mano derecha con el puño cerrado hacia arriba y la izquierda con el puño cerrado hacia abajo. Añade un bastón que pase por ambas manos y que tenga un par de ramas en el extremo izquierdo.

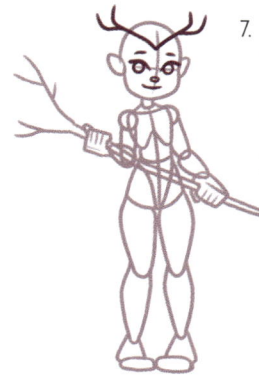

7. Crea los ojos con un círculo y una línea curva a lo largo de la parte superior. Dibuja las cejas, la nariz y la boca. En la frente, añade un tocado en forma de «V» y con extremos curvos y bifurcados.

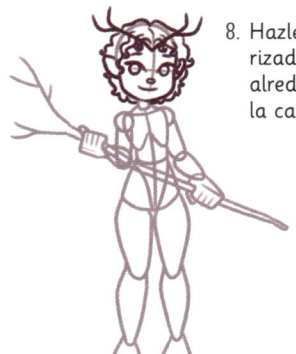

8. Hazle un cabello corto y rizado con pequeños rizos alrededor de la cara. Dibuja la cara y las orejas.

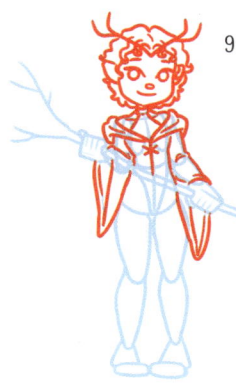

9. Traza la parte superior del jubón atada al cuello. Dibuja una capucha que envuelva los hombros y añade las mangas de la capa, que se ensanchan en las muñecas.

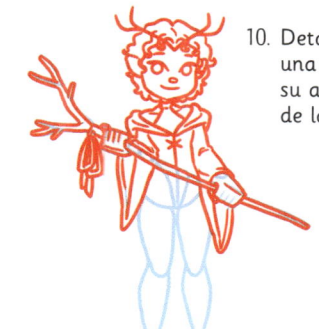

10. Detalla el bastón haciéndole una cinta grande enrollada a su alrededor justo por encima de la mano izquierda.

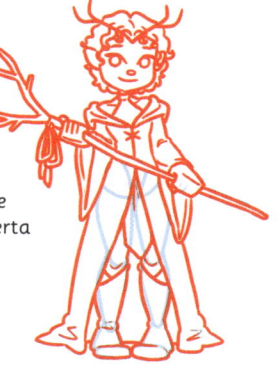

11. Dibuja la parte inferior de la capa de modo que llegue hasta el suelo y quede abierta por delante. Haz un trozo de tela acabado en punta debajo de la capa y añade unos pantalones ajustados enfundados en unas botas cruzadas.

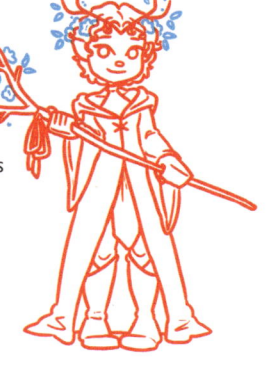

12. Añade algunas flores y hojas en el tocado y en las ramas del bastón.

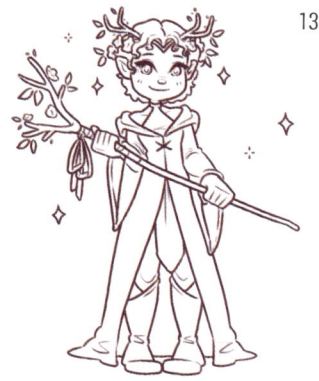

13. Haz el dibujo final sobre el boceto y, después, borra el lápiz con suavidad. Si quieres, puedes añadir unos trazos para indicar que el personaje tiene las mejillas sonrosadas, reflejos en los ojos y destellos a su alrededor.

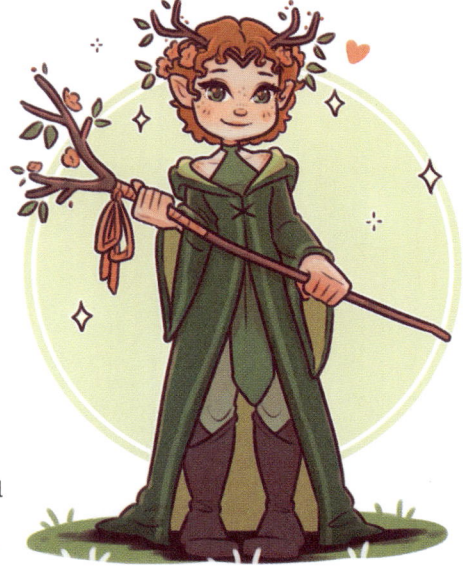

14. Ahora pinta la ilustración Como es una druida, me he decantado por una paleta de colores típicos de los bosques, como el verde y el marrón. He utilizado naranja para el cabello y la cinta, y un tono rosa para las flores.

 # ELEMENTAL DEL FUEGO

Este tipo de elemental es muy impulsivo y puede parecer el más temibles de los cuatro que existen, pero es bastante simpático una vez que lo conoces. Solo tienes que tener cuidado y mantenerte alejado de su radio de acción por si se enfada y empieza a lanzar llamas.

1. Dibuja una forma redonda para la cabeza y añade una guía en forma de cruz para situar los rasgos faciales. Traza dos triángulos para crear las orejas y haz el cuello con una «U».

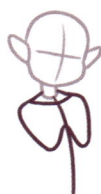

2. Haz la parte superior del cuerpo en forma de «W» y añade una guía curva y larga en el centro.

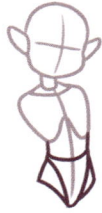

3. Para la parte inferior del cuerpo, traza un rectángulo. Añade un triángulo orientado hacia abajo con un triángulo vertical más pequeño a cada lado para crear las caderas.

4. Debajo de las caderas, haz los muslos con dos «U» largas y finas. Forma la parte inferior de las piernas con dos «U» más puntiagudas. Hazle la pierna izquierda flexionada y la otra estirada hacia un lado. Crea los pies con dos secciones en forma de triángulo y rectángulo.

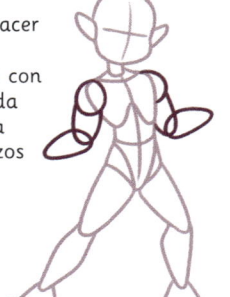

5. Traza unos círculos para hacer los hombros y crea los brazos con una «U» seguida de una lágrima Inclina los brazos para alejarlos del cuerpo.

6. Dibuja su mano derecha hacia arriba, con el índice y el pulgar levantados. Haz la mano izquierda con la palma hacia arriba y los dedos extendidos.

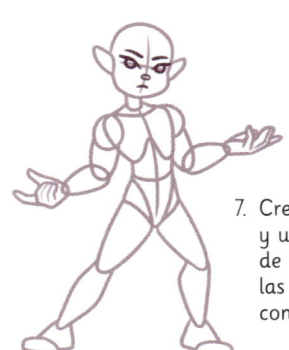

7. Crea los ojos con un círculo y una línea curva a lo largo de la parte superior. Dibuja las cejas, la nariz y una boca con una expresión hostil.

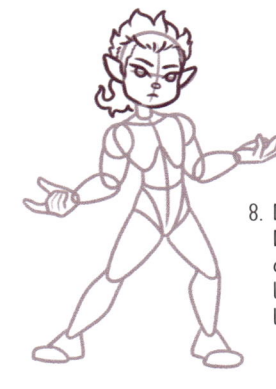

8. Define la cara y las orejas. Dibújale el cabello de punta, con los lados rapados y más largo por detrás. Haz que las puntas parezcan llamas.

9. Traza la parte superior del vestido atada al cuello y añade un rombo en el centro del pecho. Hazle un cinturón anudado a la cintura. Dibuja la parte inferior del vestido de manera que le cuelgue entre las piernas, tanto por delante como por detrás.

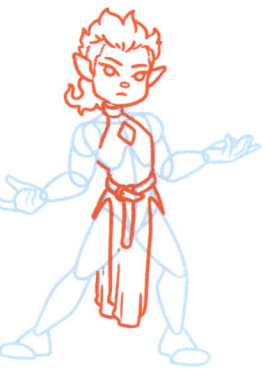

10. Dibújale unos pantalones ajustados enfundados en unas botas que le lleguen a las rodillas. Hazle las botas acabadas en punta.

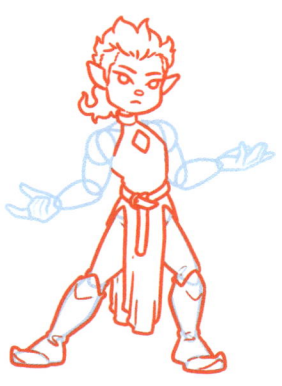

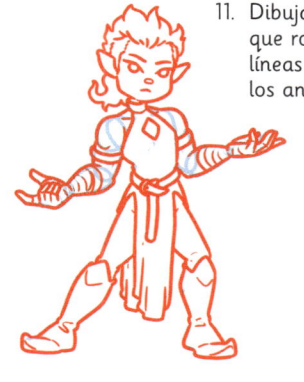

11. Dibuja los brazos con los brazaletes que rodean la parte superior. Con líneas curvas, crea las vendas de los antebrazos y las manos.

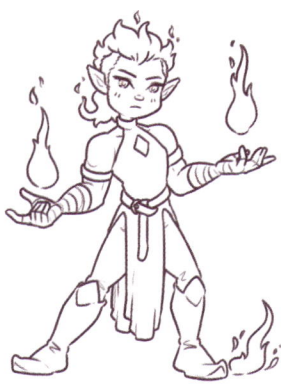

12. Dibuja llamas sobre las manos y junto a su pie izquierdo. Añade unas pequeñas chispas alrededor del cabello.

13. Haz el dibujo final sobre el boceto y, después, borra el lápiz con suavidad. Si quieres, puedes añadir unos trazos para indicar que el personaje tiene las mejillas sonrosadas y reflejos en los ojos.

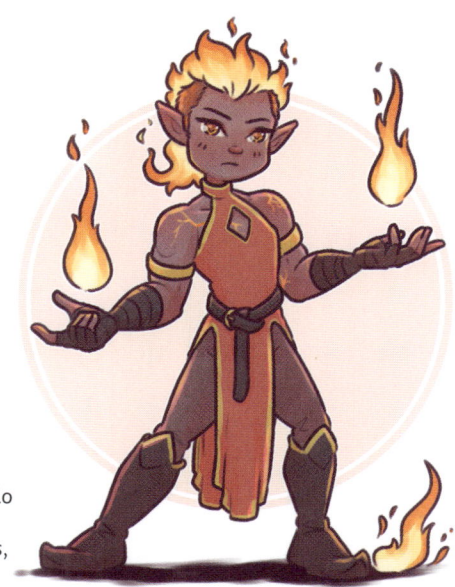

14. ¡Pinta la ilustración! Le he hecho la piel oscura con venas de color naranja brillante. He utilizado el mismo tono naranja para pintar los ojos y el llameante cabello. El vestido es rojo; los detalles, dorados, y los accesorios, negros.

ELEMENTAL DEL AGUA

Los elementales del agua viven en los manantiales de los ríos que atraviesan el bosque para llegar a la Ciudad Encantada. Si ves a una mujer muy atractiva mirándote desde el agua, puede que, en un abrir y cerrar de ojos, desaparezca dejando solo unos círculos sobre la superficie del río.

1. Dibuja una forma redonda para la cabeza y añade una guía en forma de cruz para situar los rasgos faciales. Haz dos orejas curvas con los lados festoneados y el cuello en forma de «U».

2. Haz la parte superior del cuerpo en forma de «W» y añade una guía curva y larga en el centro.

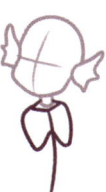

3. Para la parte inferior del cuerpo, dibuja un rectángulo. Añade un triángulo orientado hacia abajo con un triángulo vertical más pequeño a cada lado para crear las caderas.

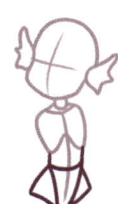

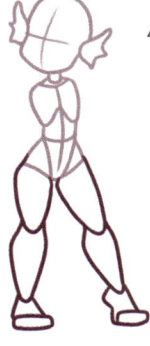

4. Debajo de las caderas, haz los muslos con dos «U» largas y finas. Forma la parte inferior de las piernas con dos «U» más puntiagudas. Después, crea los pies con dos secciones en forma de triángulo y rectángulo. Haz un ligero arco en la planta de su pie izquierdo.

5. Traza unos círculos para hacer los hombros y crea los brazos con una «U» seguida de una lágrima. Inclina los brazos hacia arriba y separados del cuerpo.

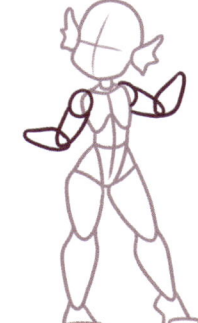

6. Dibuja las manos levantadas con las palmas hacia fuera.

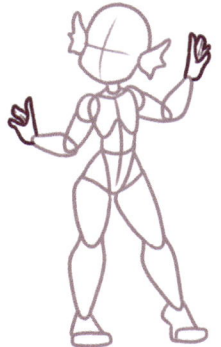

7. Crea los ojos con un círculo y una línea curva a lo largo de la parte superior. Dibuja las cejas, la nariz y una boca en forma en «W» aplanada.

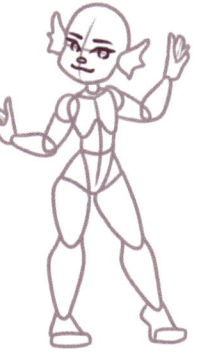

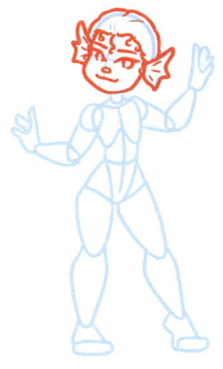

8. Esboza la cara y las orejas. Haz la parte superior del cabello peinado hacia atrás y añade algunos rizos en la frente.

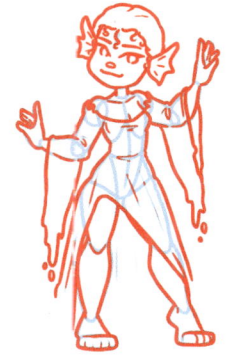

9. Ponle un vestido con hombros descubiertos y mangas que se ensanchen en los antebrazos. Haz que la tela parezca que está mojada y goteando. Añade una amplia abertura en el lado derecho de la falda. Dibuja los hombros, los brazos, las manos, las piernas y los pies.

10. Dibuja la parte inferior de la falda de modo que parezca una masa de agua burbujeante, con burbujitas alrededor de los bordes. Añade el resto del cabello, que cae a lo largo de la espalda y tiene las puntas redondeadas y onduladas, similares a las de la falda.

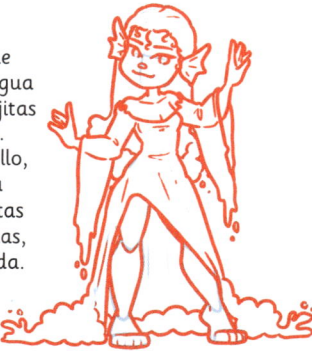

11. Dibuja un chorro de agua ondulado con gotas en ambos extremos.

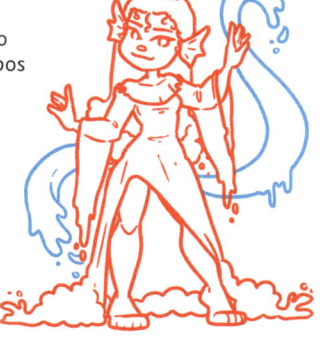

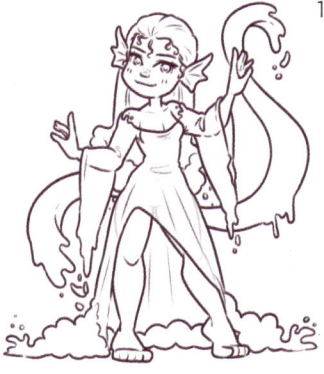

12. Haz el dibujo final sobre el boceto y, después, borra el lápiz con suavidad. Si quieres, puedes añadir unos trazos para indicar que el personaje tiene las mejillas sonrosadas y reflejos en los ojos.

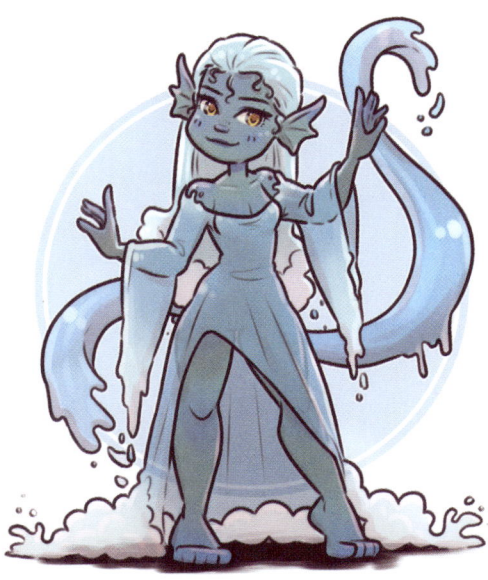

13. Ahora pinta la ilustración. He utilizado el color azul para la ropa, la piel y el agua. El cabello es de un tono azul claro con las puntas rosadas, similares a los extremos de las mangas y la falda. Para los detalles, he utilizado un tono púrpura para las sombras y amarillo para los ojos.

 # ELEMENTAL DEL AIRE

Los elementales del aire son casi imposibles de detectar. Se desplazan por el bosque llevados por una brisa mística y nunca permanecen en un mismo lugar más de un segundo. Si tienes suerte, es posible que oigas su débil canto cuando el viento sople en tu dirección.

1. Dibuja una forma redonda para la cabeza inclinada y añade una guía en forma de cruz para situar los rasgos faciales. Traza triángulos alargados para crear las orejas y haz el cuello con una «U».

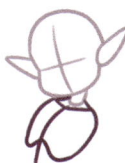

2. Haz la parte superior del cuerpo en forma de «W» y añade una guía curva y larga en el centro. Inclina el cuerpo la dirección opuesta a la cabeza.

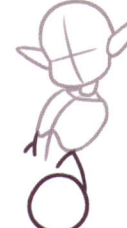

3. Debajo de la parte superior del cuerpo, añade un «V» del revés a cada lado. Debajo de la «V» de la derecha, añade un círculo para crear el muslo.

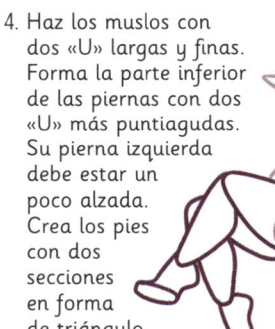

4. Haz los muslos con dos «U» largas y finas. Forma la parte inferior de las piernas con dos «U» más puntiagudas. Su pierna izquierda debe estar un poco alzada. Crea los pies con dos secciones en forma de triángulo y rectángulo.

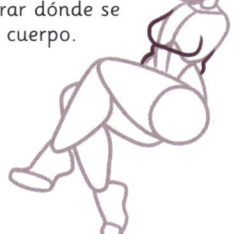

5. Crea el pecho con líneas curvas. Después, añade varios trazos curvos pequeños en la cintura para mostrar dónde se flexiona el cuerpo.

6. Traza unos círculos para los hombros y crea los brazos con una «U» seguida de una lágrima. Inclina hacia arriba su brazo derecho, y aleja el otro del cuerpo.

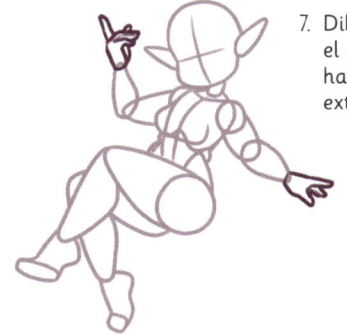

7. Dibuja su mano derecha con el dedo índice apuntando hacia arriba y la otra extendida hacia un lado.

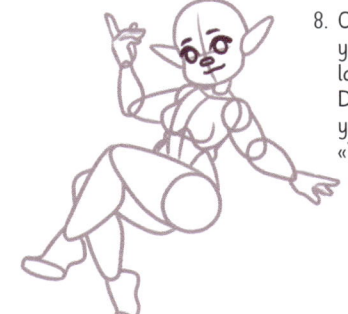

8. Crea los ojos con un círculo y una línea curva a lo largo de la parte superior. Dibuja las cejas, la nariz y una boca en forma de «W» aplanada.

9. Dibuja la cara y las orejas. Hazle el cabello rizado, a modo de nubes, y añade algunos rizos alrededor de la cara.

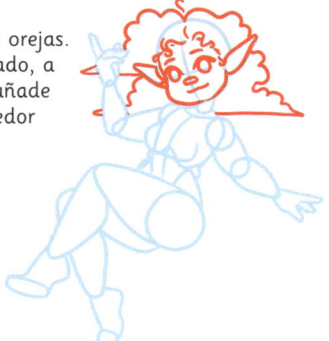

10. Dibuja los brazos y la parte superior del vestido, con tirantes y un escote en «V». Añade algunos pliegues en el pecho y el abdomen. Crea la parte de la falda que cubre su muslo izquierdo.

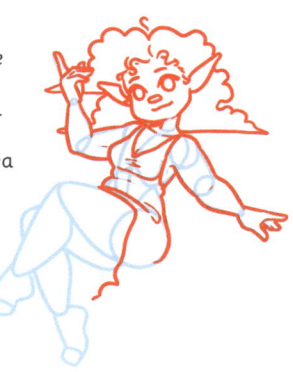

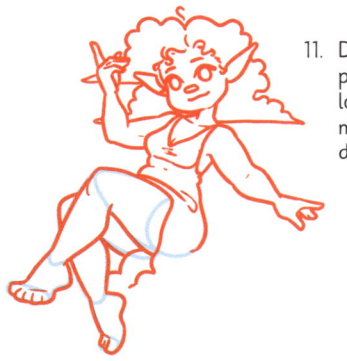

11. Dibuja las piernas y los pies, incluidos algunos de los dedos. Debajo de los muslos, traza el contorno de una nube.

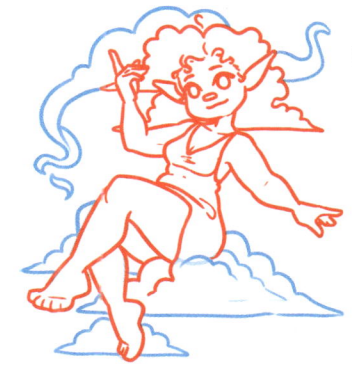

12. Añade más nubes debajo de los muslos de manera que parezca que el vestido se funde con ellas. Dibuja una nube detrás de la cabeza con los extremos alargados y acabados en una punta retorcida.

13. Haz el dibujo final sobre el boceto y, después, borra el lápiz con suavidad. Si quieres, puedes añadir unos trazos para indicar que el personaje tiene las mejillas sonrosadas y reflejos en los ojos.

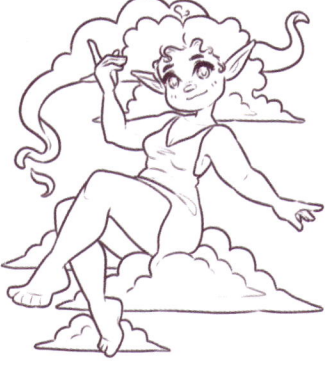

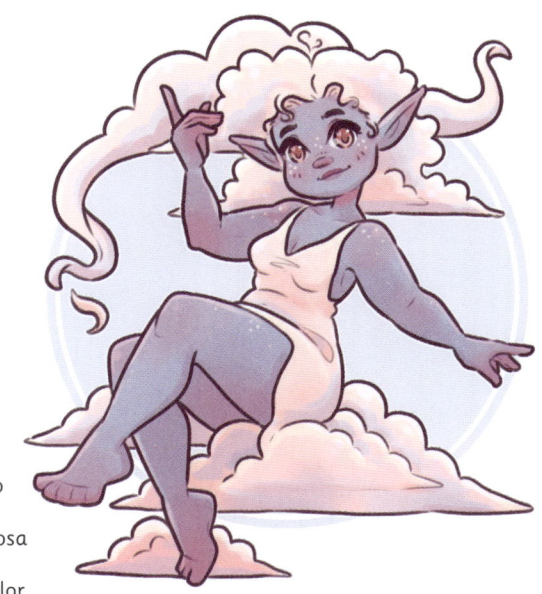

14. Ahora colorea la ilustración. He pintado las nubes de un tono rosa pálido y la piel de color púrpura. He utilizado un rosa vivo para las sombras, pero puedes ser creativo y hacerlas de cualquier otro color.

ELEMENTAL DE LA TIERRA

Se cree que un elemental de la tierra creó el Bosque Ancestral hace milenios partiendo de una sola semilla. El bosque surgió de la noche a la mañana y ha sido el hogar de todos los elementales de la tierra desde entonces.

1. Dibuja una forma redonda para la cabeza y añade una guía en forma de cruz para situar los rasgos faciales. Haz dos orejas en forma de lágrima y el cuello con una «U».

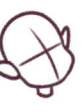

2. Haz la parte superior del cuerpo en forma de «W» y añade una guía curva y larga en el centro.

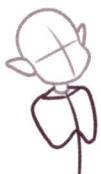

3. Para la parte inferior del cuerpo, dibuja un rectángulo con un trapecio debajo. Para crear las caderas, divide el trapecio en tres triángulos más pequeños haciendo dos líneas diagonales.

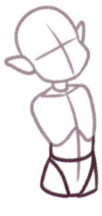

4. Haz los muslos con dos «U» largas y finas. Forma la parte inferior de las piernas con dos «U» más puntiagudas. Crea los pies con dos secciones en forma de triángulo y rectángulo. Haz que separe su pie derecho.

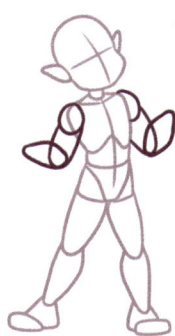

5. Traza unos círculos para hacer los hombros y crea los brazos con una «U» seguida de una lágrima. Inclina los antebrazos para que los brazos formen una «V».

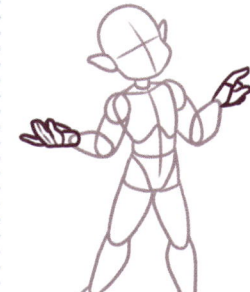

6. Hazle su mano derecha con la palma hacia arriba y la izquierda apuntando hacia afuera.

7. Dibújale dos cuernos curvos y puntiagudos en la cabeza. Añade mariposas alrededor del cuerpo, una de ellas posada sobre el índice de su mano izquierda.

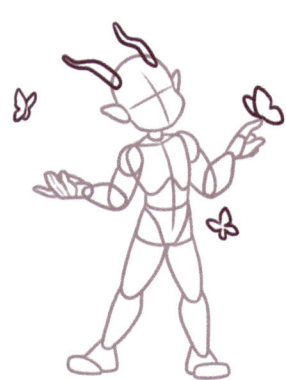

8. Crea los ojos con un círculo y una línea curva a lo largo de la parte superior. Dibuja las cejas, la nariz y una boca en forma de «W» aplanada.

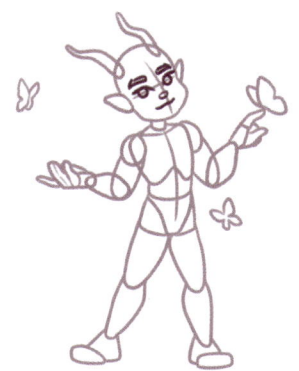

9. Esboza un cabello largo y suelto con una pequeña trenza a cada lado de la cara, por delante de las orejas. Añade detalles a los cuernos, como algunas ramas bifurcadas y hojas. Define la cara y las orejas.

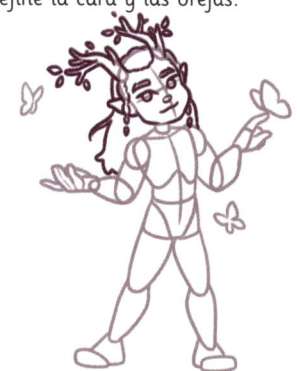

10. Dibuja una camisa larga con cuello pero sin mangas y añade una costura y botones en su lado derecho. Haz un cinturón trenzado con un nudo en el medio y crea una pequeña abertura en el lado derecho de la camisa, a la altura del muslo.

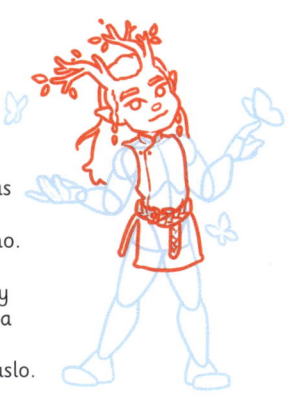

11. Hazle unos pantalones ajustados enfundados en unas botas cruzadas. Dibuja las botas de modo que los dedos de los pies queden al descubierto.

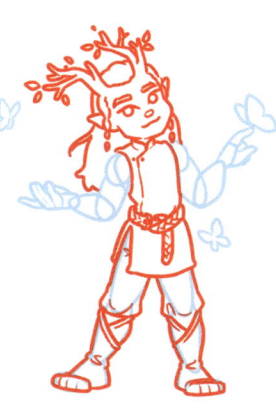

12. Dibuja los brazos y las manos con unos mitones que terminen en la parte superior de los brazos.

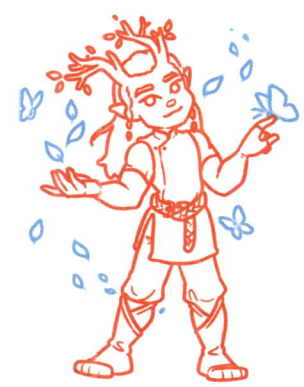

13. Añade más detalles a las mariposas dibujándoles la cabeza, el cuerpo y las antenas. Haz varias hojas que se arremolinen detrás del cuerpo.

14. Haz el dibujo final sobre el boceto y, después, borra el lápiz con suavidad. Si quieres, puedes añadir unos trazos para indicar que el personaje tiene las mejillas sonrosadas y reflejos en los ojos.

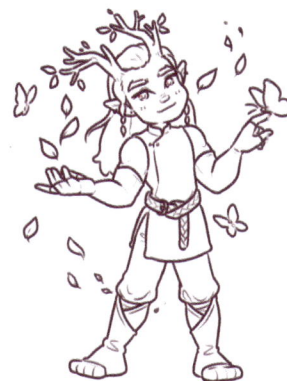

15. ¡Ahora colorea la ilustración! He optado por pintar el cabello, los ojos y la ropa de color verde. He hecho que los cuernos estén perfectamente integrados en la cabeza. Después, he dado unos toques de amarillo y dorado pintando de estos colores las mariposas y los ribetes de la camisa.

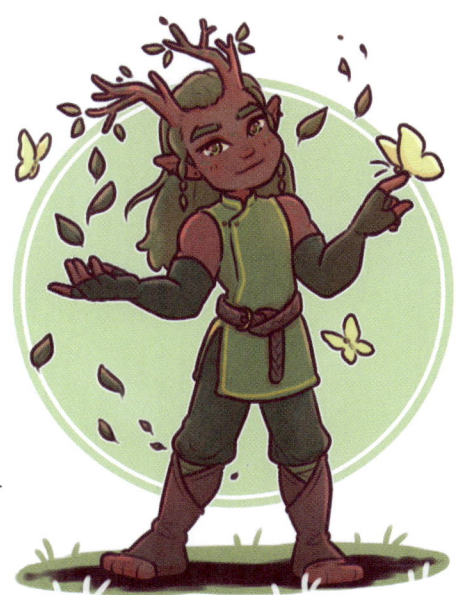

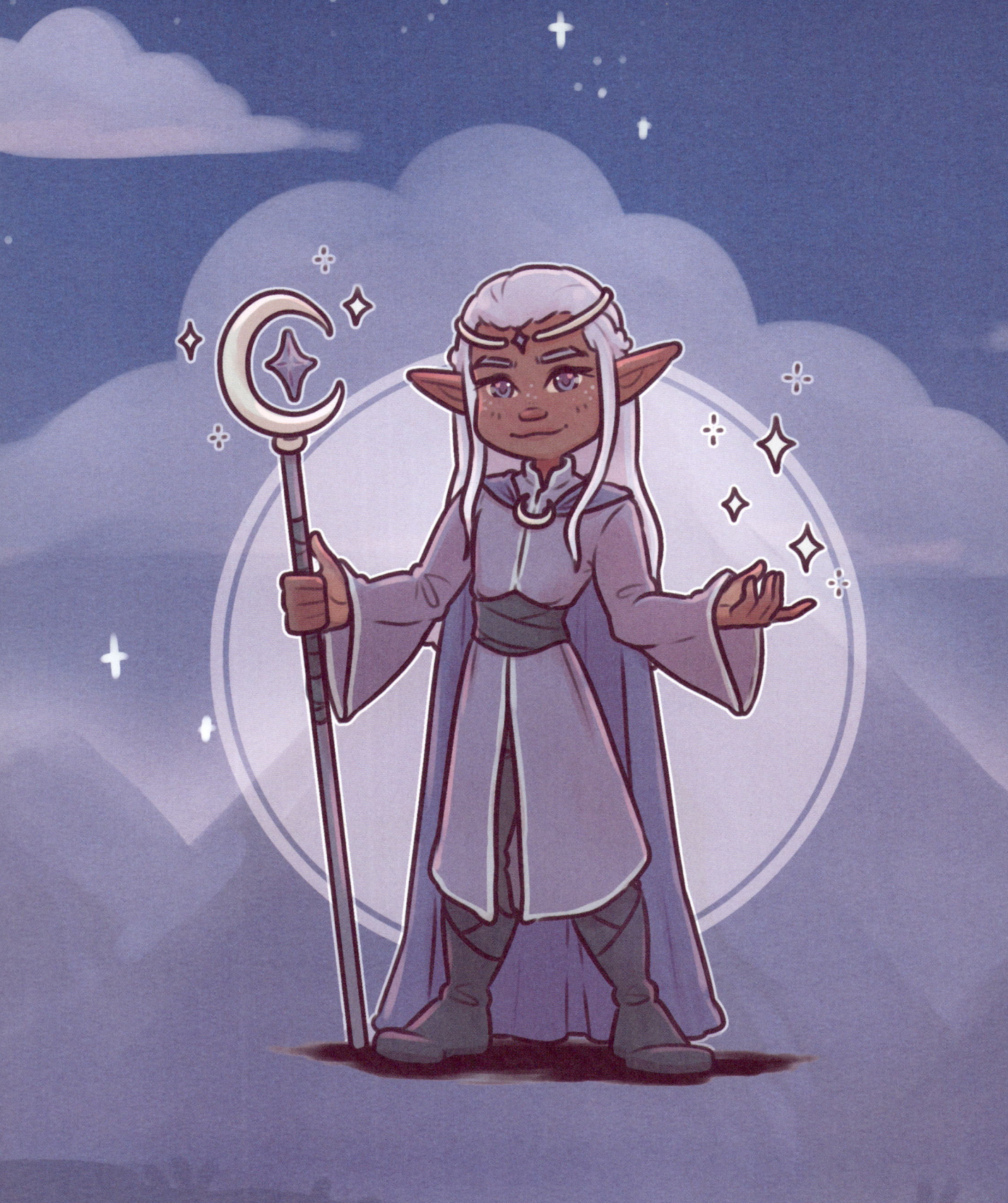

LAS MONTAÑAS NOCTURNAS

GOBLIN

Los goblins protegen su aldea, situada al pie de las montañas, para asegurarse de que sus hogares no sufran daños. Pero vigila tus objetos de valor cuando los visites, porque cuando no están cumpliendo su deber, disfrutan coleccionando objetos pequeños y brillantes para decorar sus casas.

1. Dibuja una forma redonda para la cabeza y añade una guía en forma de cruz para situar los rasgos faciales. Haz el cuello con una «U».

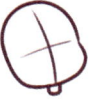

2. Traza un óvalo puntiagudo a cada lado de la cabeza para crear las orejas. Haz una línea curva en el centro de las orejas.

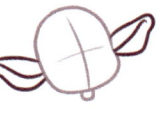

3. Para hacer el cuerpo, dibuja una forma parecida a un huevo. Añade una guía en forma de «W» para crear la parte superior del cuerpo y luego una línea central.

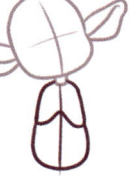

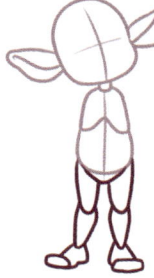

4. Debajo del cuerpo, haz los muslos con dos «U» largas y finas. Forma la parte inferior de las piernas con dos «U» más puntiagudas. Crea los pies con dos secciones en forma de triángulo y rectángulo.

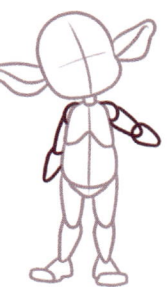

5. Traza unos círculos para hacer los hombros y crea los brazos con una «U» seguida de una lágrima. Haz que su brazo derecho apunte hacia abajo y el izquierdo hacia un lado.

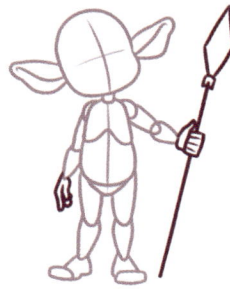

6. Dibuja la mano derecha colgando y la otra sujetando una lanza.

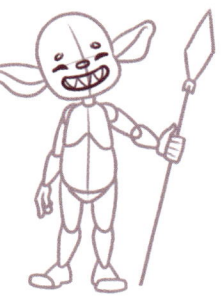

7. Traza pequeñas curvas para hacerle los ojos cerrados y, encima, añade dos círculos, que serán las cejas. Dibuja la nariz y una boca sonriente con dientes triangulares.

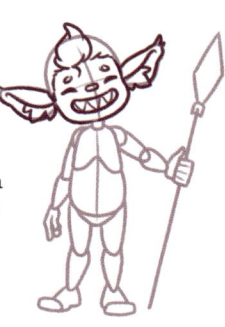

8. Define la cara y las orejas, añadiendo un poco de vello en el interior y en la punta de las orejas. Dibuja un mechón de pelo encima de la cabeza.

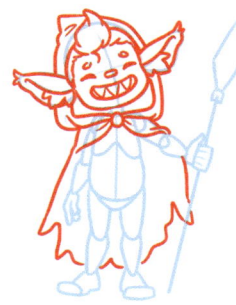

9. Dibuja una capucha con la punta triangular alrededor de la cabeza. Añade un broche ovalado debajo del cuello. Dibuja la capa con el borde inferior raído.

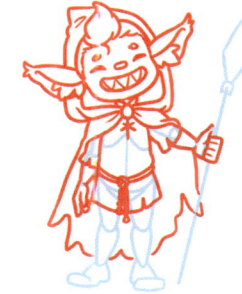

10. Añade una camisa larga con mangas que le lleguen hasta el codo y define los brazos y las manos. Ponle un trozo de cuerda enrollado alrededor de la cintura y con los extremos colgando del nudo delantero.

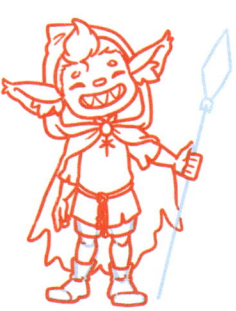

11. Dibuja unos pantalones cortos debajo de la camisa y luego las botas. Define las piernas.

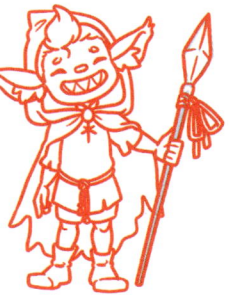

12. Dibuja la lanza y añade una cinta en el palo, justo debajo de la punta de lanza.

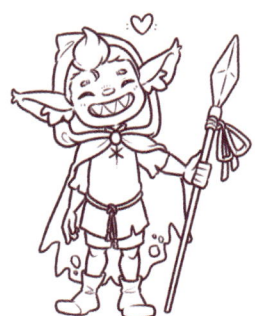

13. Haz el dibujo final sobre el boceto y, después, borra el lápiz con suavidad. Si quieres, puedes añadir unos trazos para indicar que el personaje tiene las mejillas sonrosadas, unos reflejos en los ojos y un corazón a su lado.

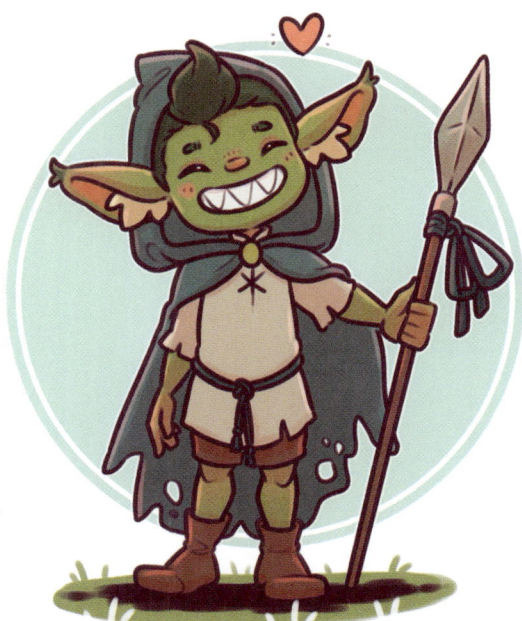

14. Para colorear la ilustración, he utilizado un verde pálido para la piel y un verde oscuro para el cabello. He optado por pintar la capa de un verde azulado oscuro, la camisa de color crema y los accesorios de color marrón.

✦ TROL

Los trols son criaturas nocturnas que recorren las montañas bajo la luz de la luna. Pero, una vez que sale el sol, si no están dentro de sus casas, corren el riesgo de convertirse en piedra hasta que vuelva a salir la luna.

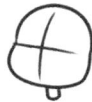

1. Dibuja una forma redonda para la cabeza y añade una guía en forma de cruz para situar los rasgos faciales. Haz el cuello con una «U».

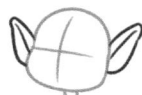

2. Añade dos orejas grandes y puntiagudas con una línea en el medio.

3. Dibuja la parte superior del cuerpo en forma de «W» y añade una «U» grande y curva para crear la barriga. Traza una línea curva que atraviese el centro del cuerpo a modo de guía.

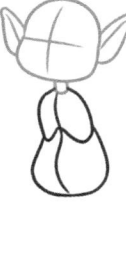

4. Debajo de las caderas, haz los muslos con dos «U» largas y finas. Forma la parte inferior de las piernas con dos «U» más puntiagudas. Crea los pies con dos secciones en forma de triángulo y rectángulo. Gira su pie derecho para que se vea de perfil.

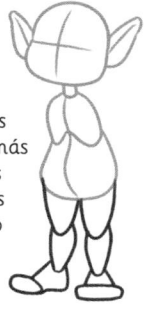

5. Traza unos círculos para hacer los hombros y crea los brazos con una «U» seguida de una lágrima. Haz que los brazos caigan a lado y lado del cuerpo.

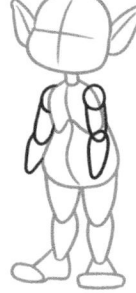

6. Añade las dos manos. Asegúrate de que se ve el perfil de su mano derecha y el dorso de la izquierda.

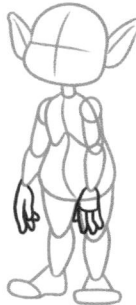

7. Partiendo de la cadera derecha, traza una línea ondulada para crear la cola. Dibuja el mechón de la punta de la cola en forma de lágrima curvada.

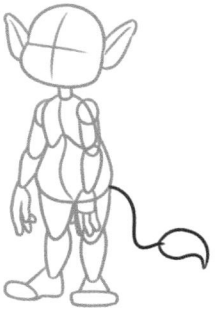

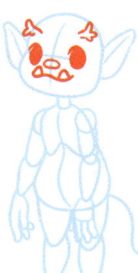

8. Crea los ojos con un círculo relleno y una línea curva a lo largo de la parte superior. Encima de los ojos, añade dos pequeños mechones, que serán las cejas. Dibuja la nariz y la boca en forma de «W» con dos dientes triangulares.

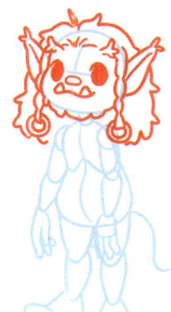

9. Dibuja un poco de vello en la parte inferior de la cara. Añade un cabello voluminoso que le llegue hasta los hombros y una trenza a cada lado de la cara con un anillo al final. Dibuja las orejas con pequeños mechones en las puntas.

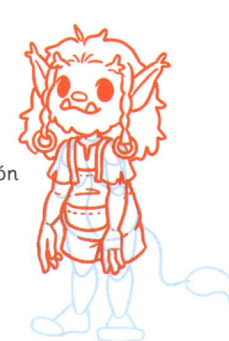

10. Añade una camisa con un cuello en «V» y unas mangas un poco rasgadas. Dibújale un peto de pantalón corto, con un bolsillo de tipo canguro en la barriga y las costuras hechas con líneas discontinuas. Dibuja los brazos y las manos.

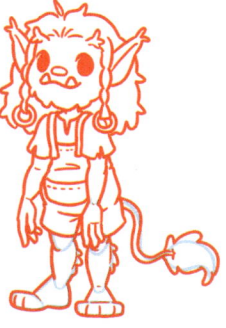

11. Define las piernas y los pies, añadiendo pequeños mechones de pelo en las pantorrillas. Hazle una cola que se estreche gradualmente hasta llegar al mechón de la punta.

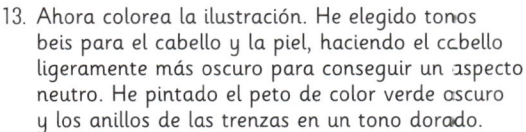

12. Haz el dibujo final sobre el boceto y, después, borra el lápiz con suavidad. Añade unos trazos para indicar que el personaje tiene las mejillas sonrosadas y reflejos rojos y blancos en los ojos.

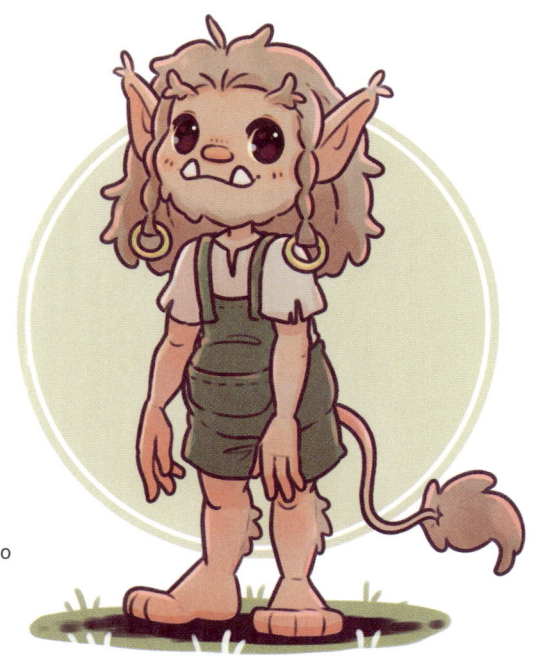

13. Ahora colorea la ilustración. He elegido tonos beis para el cabello y la piel, haciendo el cabello ligeramente más oscuro para conseguir un aspecto neutro. He pintado el peto de color verde oscuro y los anillos de las trenzas en un tono dorado.

ESQUELETO

Los esqueletos vagan por estas tierras gracias al poder de la nigromancia. Aunque no recuerdan quiénes eran cuando estaban vivos, son bastantes simpático con los habitantes de las Montañas Nocturnas.

1. Dibuja una forma redonda con una base plana para crear la parte superior de la cabeza. Añade una guía en forma de cruz.

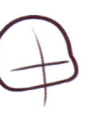

2. Para hacer la mandíbula, añade tres pequeños arcos del revés debajo de la base plana y, por debajo, una «U» ancha.

3. Traza una línea que baje desde la izquierda de la mandíbula para crear la columna vertebral. Después, dibuja la caja torácica haciendo una «W» un poco desplazada de la columna. Más abajo, añade las caderas en forma de manzana.

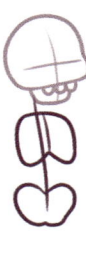

4. Dibuja un círculo a cada lado de las caderas con un círculo más pequeño debajo de cada uno. Después, crea los pies con dos secciones rectangulares, una alargada y otra estrecha. Une los círculos y los pies con líneas.

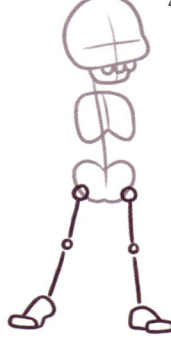

5. Traza más círculos para hacer los hombros y los codos, y luego únelos con una línea recta. Para su antebrazo derecho, haz una línea recta hacia abajo y, para el otro, una línea diagonal hacia arriba, para formar una «V».

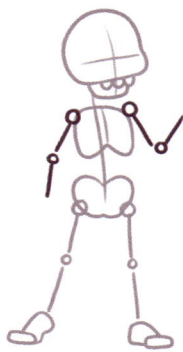

6. Dibuja su mano derecha hacia abajo y la izquierda bien abierta. Deja un espacio entre la mano y los dedos para que parezcan huesos.

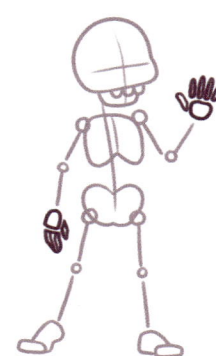

7. Define la cabeza y la mandíbula. Añade dos triángulos redondeados para crear las cuencas de los ojos y un corazón invertido para hacer la nariz.

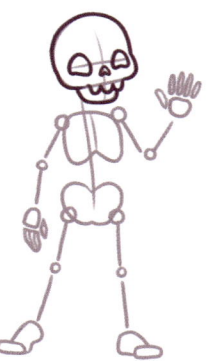

8. Detalla las costillas haciendo tres huesos curvados en forma de herradura alrededor de un centro ovalado. A continuación, dibuja un óvalo en la parte superior de cada lado.

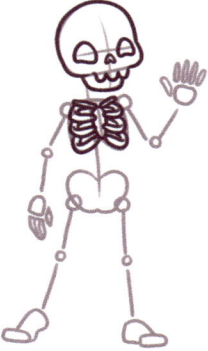

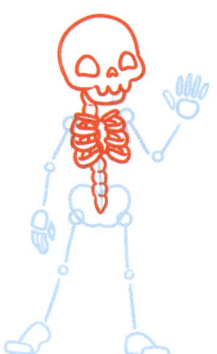

9. Detalla la columna vertebral dibujando tres círculos y un triángulo unidos.

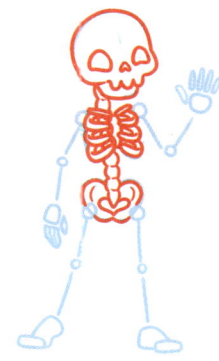

10. Para completar las caderas, define la forma de corazón y añade otro corazón que rodee el triángulo del final de la columna.

11. Aumenta el grosor de los huesos de las piernas, asegurándote de dividir la parte inferior en dos huesos. Haz que el círculo superior quede integrado en los huesos de la cadera, pero mantén el círculo de la rodilla separado. Define los pies y añade los dedos.

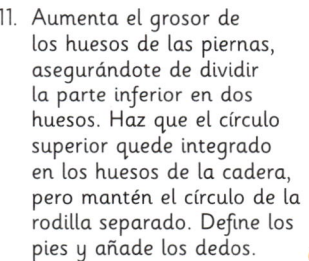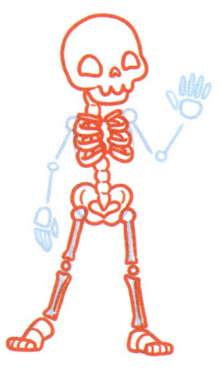

12. Aumenta el grosor de los huesos de los brazos. Mantén los brazos con dos secciones, con una separación en el codo. Añade las manos y detalla las tres secciones de cada hueso de los dedos.

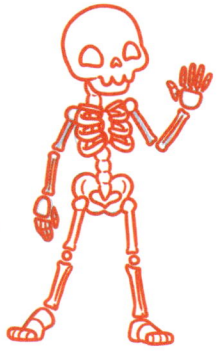

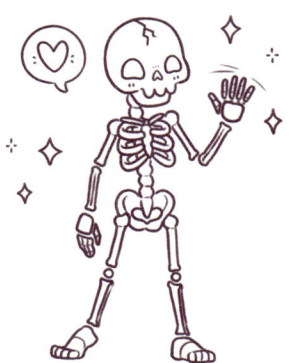

13. Haz el dibujo final sobre el boceto y, después, borra el lápiz con suavidad. Si quieres, puedes añadir una pequeña fisura en el cráneo, algunos trazos en las mejillas, un corazón al lado y algunos destellos.

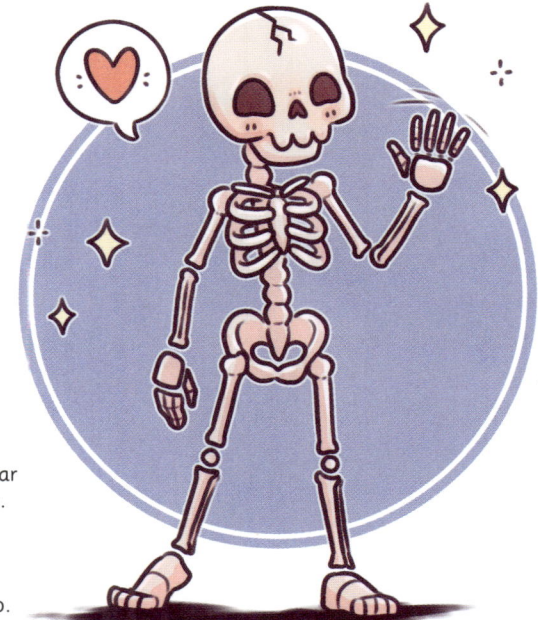

14. Ahora pinta la ilustración. He tratado de dibujar este esqueleto de la forma más sencilla posible. Si quieres, pinta los huesos en un tono crudo y añádeles sombras. Yo las he hecho rosadas. También puedes añadir un poco de rosa en las mejillas para que el esqueleto quede más mono.

ORCA

Aunque los orcos tienen una reputación temible, pueden ser unos compañeros de aventuras excelentes. Esta orca es una de los mejores luchadores de las montañas, así que le encanta participar en una buena pelea. Después, puedes encontrarla pagando una ronda de bebidas a todo el mundo en la taberna más cercana.

 1. Dibuja una forma redonda para la cabeza y añade una guía en forma de cruz. Haz dos orejas puntiagudas y el cuello con una «U».

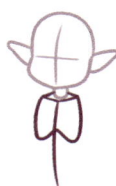 2. Haz la parte superior del cuerpo en forma de «W» y añade una guía curva y larga en el centro.

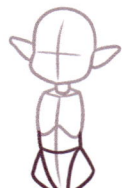 3. Completa el torso con un rectángulo parcial. Para hacer la parte inferior del cuerpo, dibuja un triángulo orientado hacia abajo con un triángulo más ancho a cada lado para crear las caderas.

4. Haz los muslos con dos «U» largas y forma la parte inferior de las piernas con dos «U» más pequeñas. Crea los pies con dos secciones en forma de triángulo y rectángulo.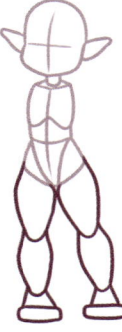

5. Traza unos círculos para hacer los hombros y crea los brazos con una «U» seguida de un triángulo redondeado. Inclina los antebrazos hacia la izquierda.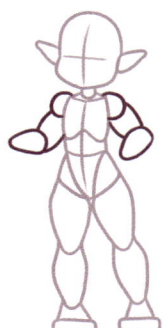

6. Esboza su mano izquierda con los dedos apoyados en la cadera. Haz la derecha curvada hacia abajo y, debajo, añade un óvalo con una línea que llegue hasta el suelo.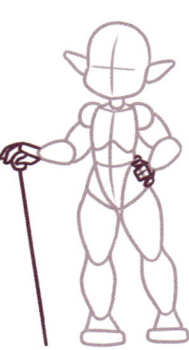

7. Dibuja una capa lanuda detrás del cuerpo de modo que una parte cubra su hombro izquierdo. Haz ligeros trazos en forma de «W» y «M» para darle una textura mullida.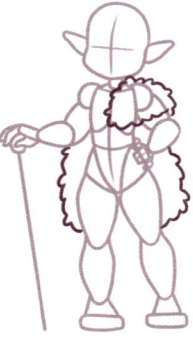

8. Dibuja el contorno de la cara, el cuello y las orejas. Añade el cabello con el lado de la derecha rapado y con voluminosos mechones en el lado izquierdo. Hazlo más largo en la parte posterior.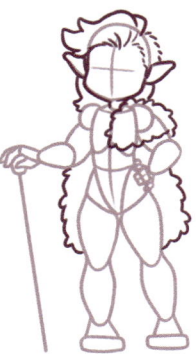

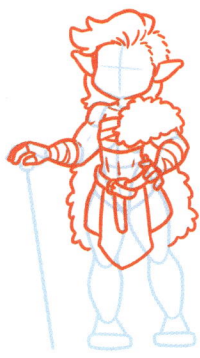

9. Añade unas vendas cruzadas en el pecho y los antebrazos. Dibuja un cinturón anudado y una falda con un faldón central largo y acabado en punta. Define los brazos y las manos y añade unos mitones.

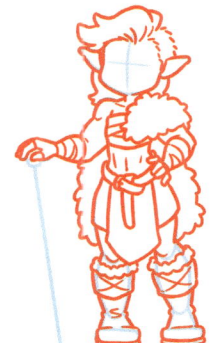

10. Dibuja las botas con un ribete de pelo justo debajo de las rodillas y haz la sección siguiente más ancha. Traza una pequeña arruga donde las botas se pliegan en los tobillos y añade grosor a las suelas.

11. Ponle un hacha debajo de su mano derecha. Detalla el mango del arma dibujando el centro hexagonal y las hojas en forma de alas. Haz que la punta tenga forma de triángulo agudo.

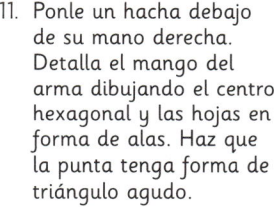
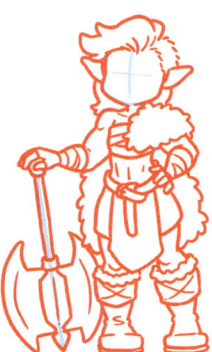

12. Crea un ojo con un círculo y una línea curva a lo largo de la parte superior. Haz que guiñe el otro ojo trazando una línea curva. Añade las cejas, la nariz, una boca curva con dos dientes triangulares y unos trazos para indicar que tiene las mejillas sonrosadas.

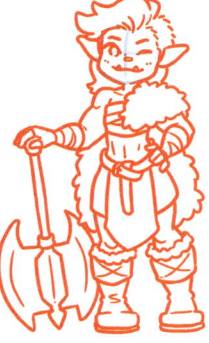

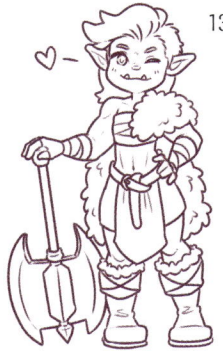

13. Haz el dibujo final sobre el boceto y, después, borra el lápiz con suavidad. Añade reflejos y corazones en los ojos. Si quieres, puedes dibujar un corazón cerca de la cabeza para reforzar el guiño.

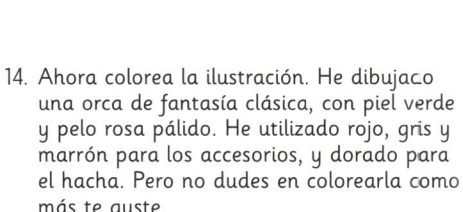

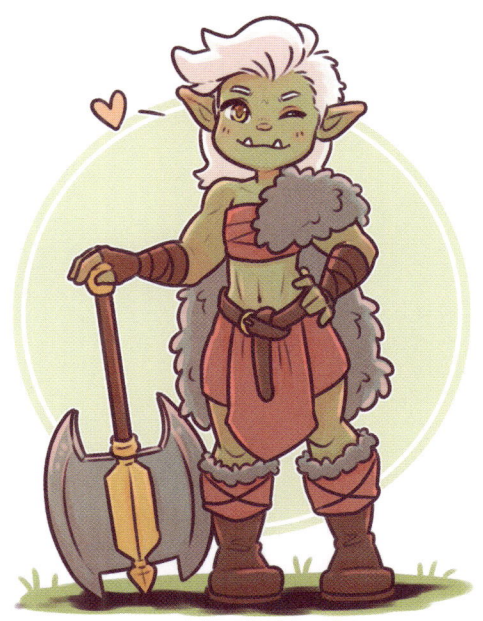

14. Ahora colorea la ilustración. He dibujado una orca de fantasía clásica, con piel verde y pelo rosa pálido. He utilizado rojo, gris y marrón para los accesorios, y dorado para el hacha. Pero no dudes en colorearla como más te guste.

# ELFO OSCURO

Con el poder de adivinar el futuro a través de las constelaciones, este inmortal de hábitos nocturnos pasa el tiempo estudiando la luna y las estrellas. Muchas criaturas que recorren estas tierras solicitan sus predicciones y consejos.

1. Dibuja una forma redonda para la cabeza y añade una guía en forma de cruz para situar los rasgos faciales. Haz dos orejas puntiagudas y el cuello en forma de «U».

2. Haz la parte superior del cuerpo en forma de «W» y añade una guía curva y larga en el centro.

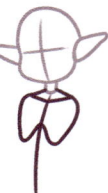

3. Para la parte inferior del cuerpo, dibuja un rectángulo. Después, añade un triángulo orientado hacia abajo con un triángulo vertical más pequeño a cada lado para crear las caderas.

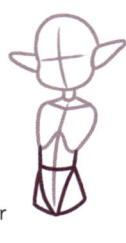

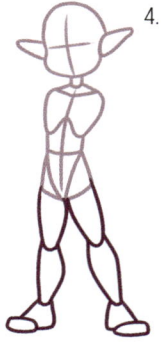

4. Debajo de las caderas, haz los muslos con dos «U» largas y finas. Forma la parte inferior de las piernas con dos «U» más puntiagudas. Después, crea los pies con dos secciones en forma de triángulo y rectángulo. Inclina un poco los pies para que queden separados.

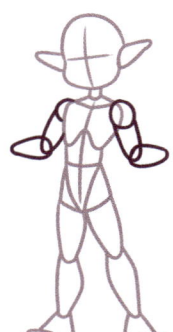

5. Traza unos círculos para hacer los hombros y crea los brazos con una «U» seguida de una lágrima. Inclina los brazos para que apunten hacia fuera.

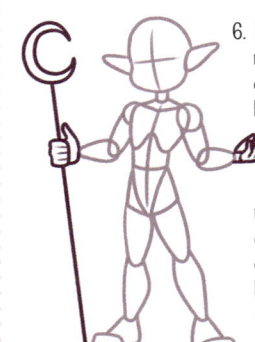

6. Hazle su mano derecha con el pulgar hacia arriba y sujetando un bastón con una medialuna en lo alto, y la otra con la palma hacia arriba y los dedos doblados.

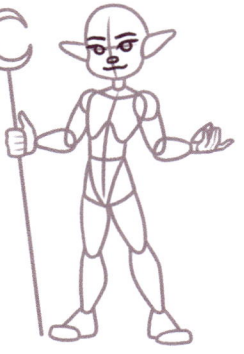

7. Crea los ojos con un círculo y una línea curva a lo largo de la parte superior. Dibuja las cejas, la nariz y una boca en forma de «W» aplanada.

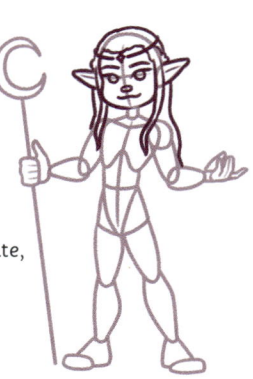

8. Define la cara y las orejas. Añade cabello largo, tanto por delante de las orejas como por detrás. En la frente, dibuja una diadema con un pequeño diamante en el centro.

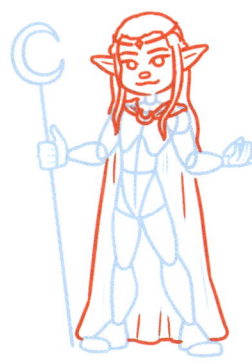

9. Dibuja un broche en forma de medialuna debajo del cuello. Añade una capa que empiece en el broche y acabe en los pies.

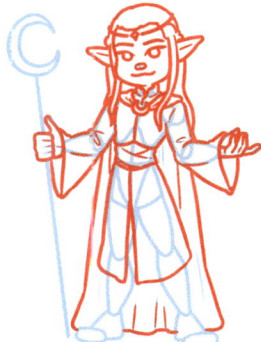

10. Haz la parte superior de la túnica dibujando el cuello y unas mangas anchas. Añade un cinturón en la cintura y la parte inferior de la túnica con una abertura en el centro.

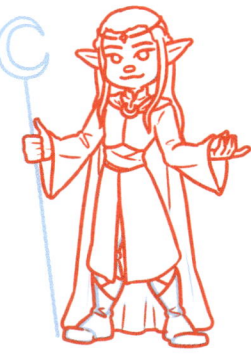

11. Dibuja la parte cruzada de las botas. En la zona visible de las piernas, haz los pantalones.

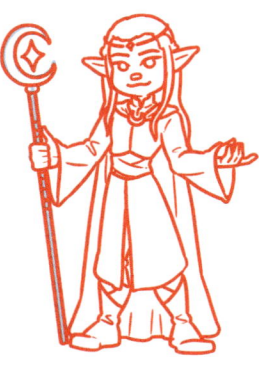

12. Añade los detalles del bastón, como una estrellita de cuatro puntas en el centro de la medialuna.

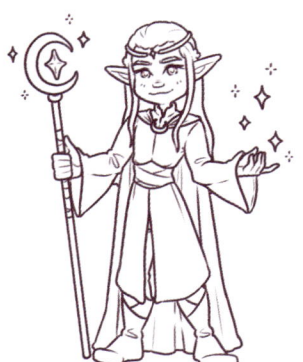

13. Haz el dibujo final sobre el boceto y, después, borra el lápiz con suavidad. Si quieres, puedes añadir unos trazos para indicar que el personaje tiene las mejillas sonrosadas, reflejos en los ojos y destellos a su alrededor.

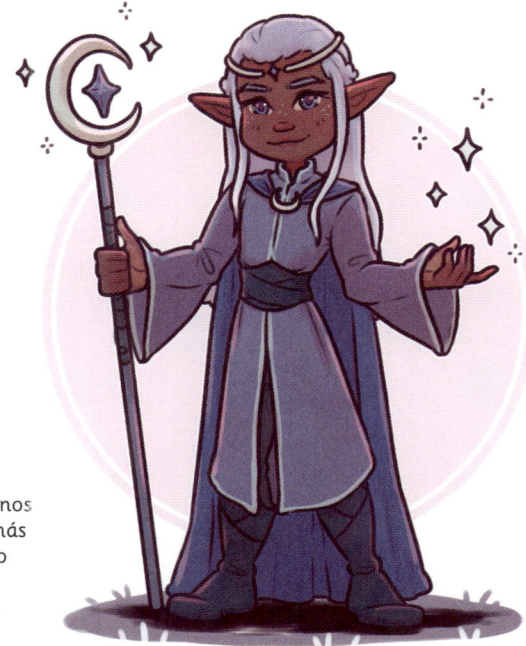

14. ¡Hora de colorear! He utilizado diferentes tonos de púrpura: uno claro para el pelo y otros más oscuros para el vestido y la capa. He optado por pintar los accesorios de color negro y plateado para adecuarme al tema nocturno.

NIGROMANTE

Dado que llevan siglos viviendo una vida tranquila en las montañas, nadie conoce el secreto de la longevidad de los nigromantes. La magia negra podría ser la responsable del misterioso resplandor verde que emana de su morada.

 1. Dibuja un óvalo para la cabeza y añade una guía en forma de cruz en el lado izquierdo para situar los rasgos faciales. Haz una pequeña oreja ovalada.

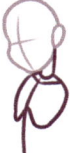 2. Traza una «U» para crear el cuello unido a la oreja. Haz la parte superior del cuerpo en forma de «W» y añade una guía curva y larga en el centro.

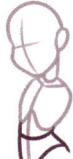 3. Para la parte inferior del cuerpo, dibuja una curva y, a continuación, un trapecio con la parte superior y la inferior curvas.

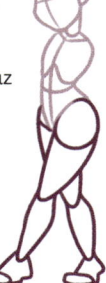 4. Dibuja una cadera circular y un muslo con una «U» larga. Forma la parte inferior de la pierna con una «U». Haz que la pierna derecha quede cruzada por detrás de la izquierda. Después, crea los pies con dos secciones en forma de triángulo y rectángulo.

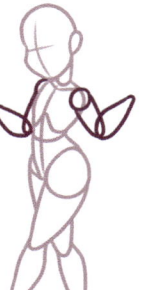 5. Traza unos círculos para hacer los hombros y crea los brazos con una «U» seguida de una lágrima. Inclina los brazos para que apunten hacia arriba. Fíjate en la parte del brazo derecho que queda oculta detrás del cuerpo.

6. Dibuja su mano derecha con la palma hacia abajo y los dedos pulgar e índice separados. Hazle la mano izquierda con la palma hacia arriba y algunos dedos doblados.

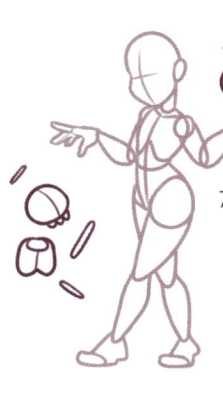 7. Debajo de su mano derecha, flotando en el aire, dibuja la forma aproximada de una calavera con dientes festoneados, una caja torácica en forma de «W» y algunos huesos ovalados. Añade un pequeño círculo en llamas en la mano izquierda.

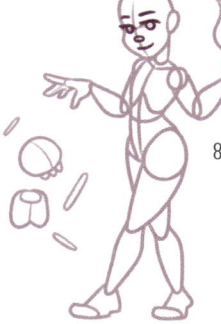 8. Crea los ojos con un círculo y una línea curva a lo largo de la parte superior. Dibuja las cejas, la nariz y una boca sonriente.

9. Define la cara y la oreja. Dibuja el cabello que enmarca la frente y traza dos líneas curvas para crear el cabello que rodea la cabeza.

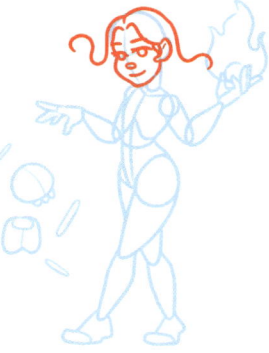

10. Dibuja los hombros y luego el vestido con hombros descubiertos, un escote pronunciado, mangas que se ensanchan y una abertura en su muslo izquierdo. Ponle un cinturón de cuerda. Define los brazos, las manos, las piernas y los pies.

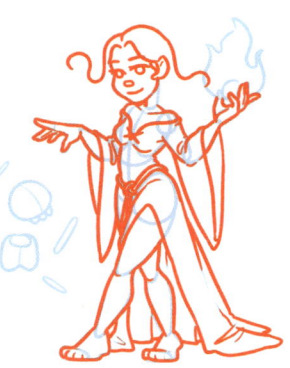

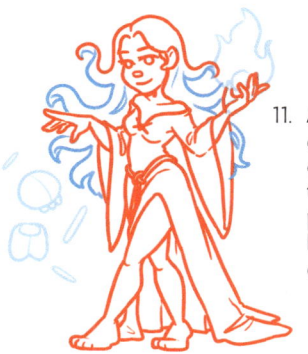

11. Acaba de dibujar el largo cabello que le cae por detrás de los brazos. No tienes que ser demasiado preciso; simplemente procura hacer los trazos sueltos y ondulados.

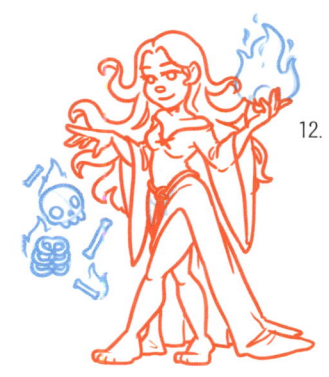

12. Añade las cuencas oculares y la nariz de la calavera, haz las costillas curvadas de la caja torácica y dale forma a los huesos. Dibuja unas pequeñas llamas alrededor de los huesos que flotan y una llama en la mano izquierda del personaje.

13. Haz el dibujo final sobre el boceto y, después, borra el lápiz con suavidad. Si quieres, puedes añadir unos trazos para indicar que el personaje tiene las mejillas sonrosadas, reflejos en los ojos y destellos a su alrededor.

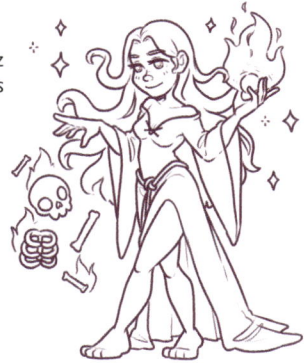

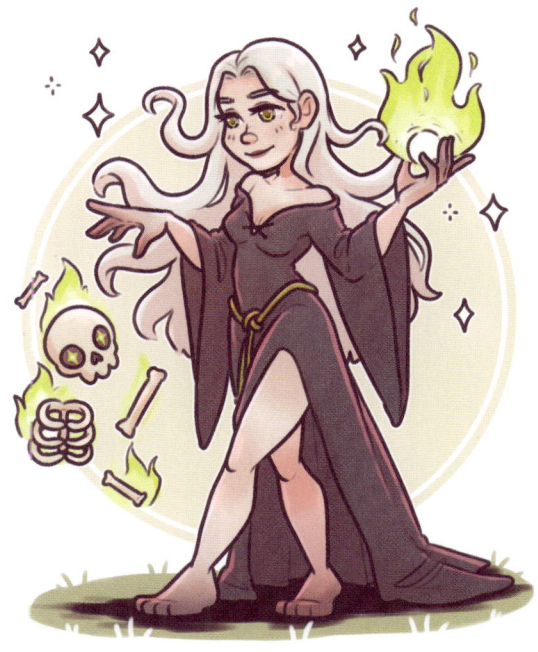

14. Para colorear ilustración, he pintado el cabello blanco y el vestido negro. He añadido unos toques de negro en las puntas de los dedos de las manos y de los pies. Para las llamas y los ojos, he utilizado un tono verdoso para darle un poco de color.

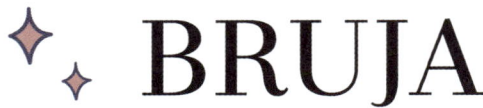

BRUJA

Hay muchas clases de brujas en este mundo, unas tan protectoras como el mejor guardián y otras tan engañosas como el mismísimo diablo. Esta joven bruja de ciudad ha viajado a las montañas con la esperanza de estudiar las artes ocultas. Sus habitantes la reciben con los brazos abiertos.

1. Dibuja una forma redonda para la cabeza y añade una guía en forma de cruz para situar los rasgos faciales. Haz dos pequeñas orejas ovaladas y el cuello con una «U».

2. Dibuja la parte superior del cuerpo en forma de «W» y añade una guía curva y larga en el centro.

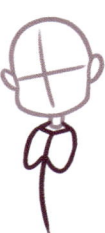

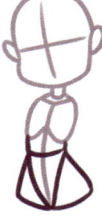

3. Para la parte inferior del cuerpo, dibuja un rectángulo. Después, añade un triángulo orientado hacia abajo con un triángulo a cada lado para crear las caderas.

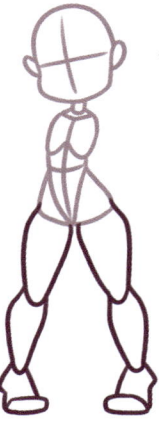

4. Debajo de las caderas, haz los muslos con dos «U» largas y finas. Forma la parte inferior de las piernas con dos «U» más puntiagudas. Después, crea los pies con dos secciones en forma de triángulo y rectángulo. Coloca los dedos de los pies hacia adentro y añade un pequeño arco en la planta de los pies.

5. Traza unos círculos para hacer los hombros y crea los brazos con una «U» seguida de una lágrima. Inclina su brazo derecho y el izquierdo hacia abajo para alejarlos del cuerpo.

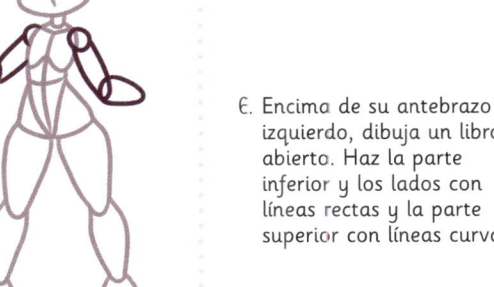

6. Encima de su antebrazo izquierdo, dibuja un libro abierto. Haz la parte inferior y los lados con líneas rectas y la parte superior con líneas curvas.

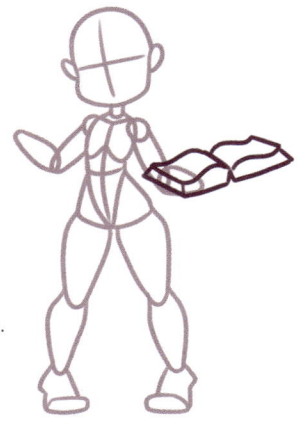

7. Haz su mano derecha con el índice señalando hacia arriba. Los dedos de la mano izquierda deben sujetar la parte superior del libro.

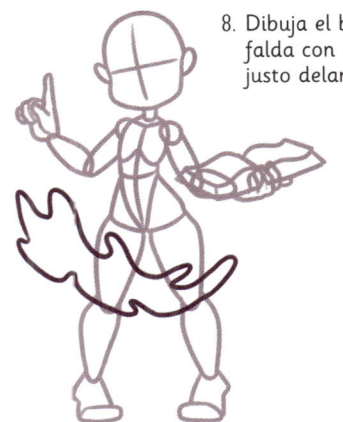

8. Dibuja el borde inferior de la falda con una forma ondulada justo delante de las piernas.

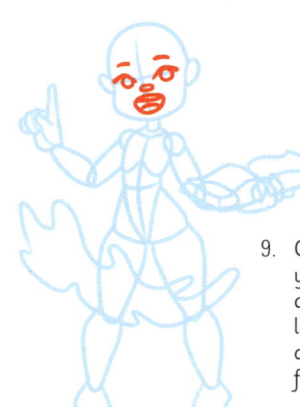

BRUJA

(continuación)

9. Crea los ojos con un círculo y una línea curva a lo largo de la parte superior. Dibuja las cejas, la nariz y una boca abierta con unas líneas que formen los dientes y la lengua.

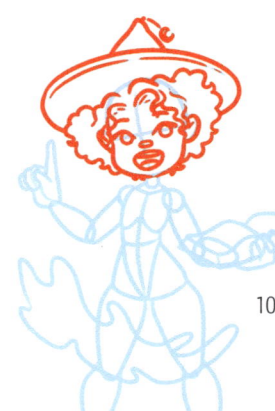

10. Define la cara y las orejas. Dibuja el cabello corto rizado. Traza un óvalo alrededor de la parte superior de la cabeza para hacer el ala del sombrero. Encima, añade un triángulo con un diminuto colgante en forma de medialuna.

11. Dibuja la parte superior del vestido con los hombros descubiertos y mangas abullonadas en la parte superior. Dibuja los hombros, los brazos y su mano derecha.

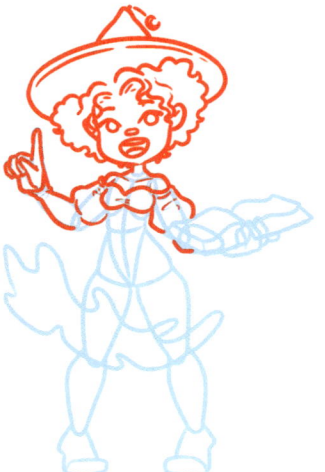

12. Dibuja el libro y los detalles, como una página que destaque en el centro. Añade la mano que lo sujeta.

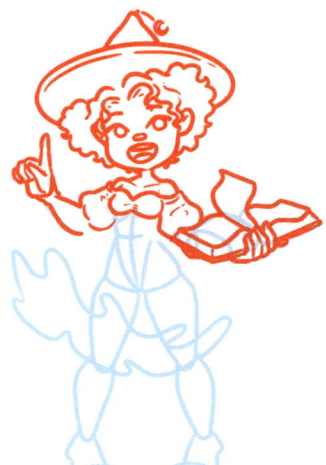

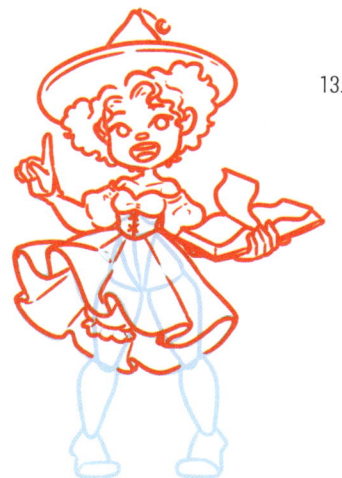

13. Hazle un corpiño alrededor de la cintura con unas cruces en el centro. Dibuja la falda siguiendo la forma ondulada para crear los pliegues. Añade un calzón abullonado en su muslo derecha, o en la zona en la que resulte visible.

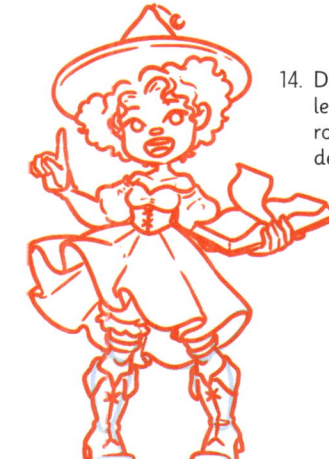

14. Dibújale unos calcetines que le lleguen por encima de las rodillas y unas botas altas de tacón con un pliegue en la parte superior.

15. Haz el dibujo final sobre el boceto y, después, borra el lápiz con suavidad. Añade unos trazos para indicar que el personaje tiene las mejillas sonrosadas y reflejos en los ojos.

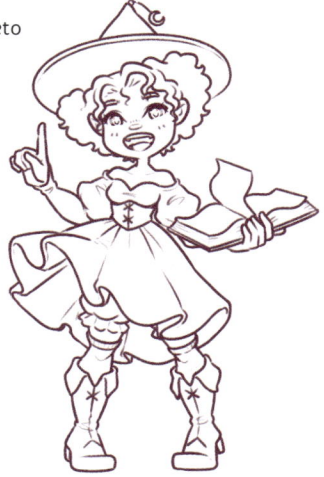

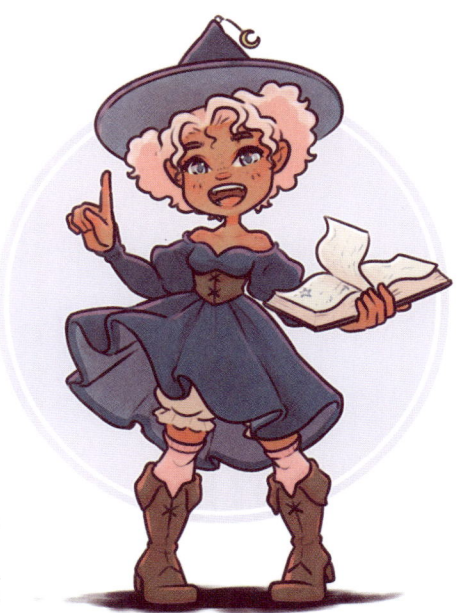

16. Ahora pinta la ilustración. He elegido azul oscuro para el vestido y el sombrero, y rosa pastel para el cabello y los calcetines. El corpiño, las botas y la cubierta del libro los he hecho marrones.

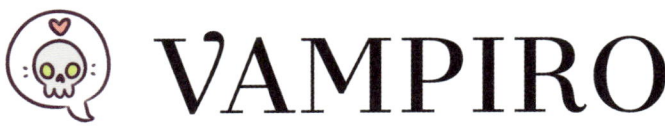# VAMPIRO

Este guerrero desapareció para volver siglos después ligeramente más pálido y con cierta predilección por la sangre. Los invitados siempre son bienvenidos en su castillo, pero pocos vuelven a sus casas. Si visitas las Montañas Nocturnas, desconfía de las invitaciones a cenar de amables desconocidos.

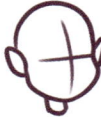

1. Dibuja una forma redonda para la cabeza y añade una guía en forma de cruz para situar los rasgos faciales. Haz dos orejas pequeñas en forma de lágrima y el cuello con una «U».

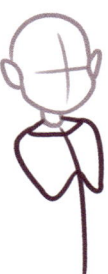

2. Haz la parte superior del cuerpo en forma de «W» y añade una guía curva y larga en el centro.

3. Para la parte inferior del cuerpo, dibuja un rectángulo con un trapecio debajo. Divide el trapecio en tres triángulos trazando dos líneas diagonales para crear las caderas.

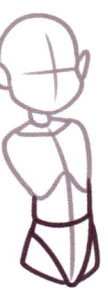

4. Debajo de las caderas, haz los muslos con dos «U» largas y finas. Forma la parte inferior de las piernas con dos «U» más puntiagudas. Después, crea los pies con dos secciones en forma de triángulo y rectángulo. Inclina los pies hacia fuera para que queden separados.

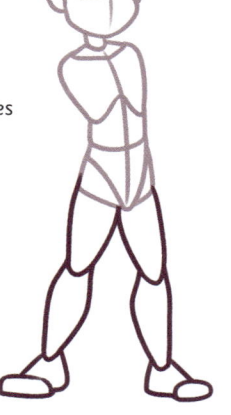

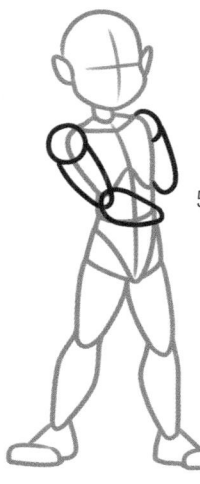

5. Traza unos círculos para hacer los hombros y crea los brazos con una «U» seguida de una lágrima. Inclina su antebrazo derecho para que quede delante del cuerpo, pero aún no añadas el antebrazo izquierdo.

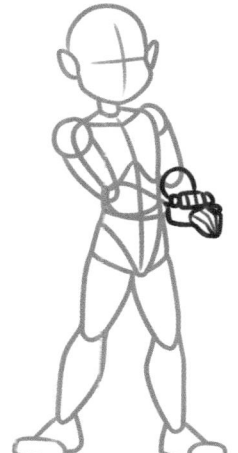

6. Haz su mano derecha dibujando el dorso rectangular y los dedos. Después, justo encima, añade los dedos de la mano izquierda y luego su antebrazo izquierdo con una línea curva.

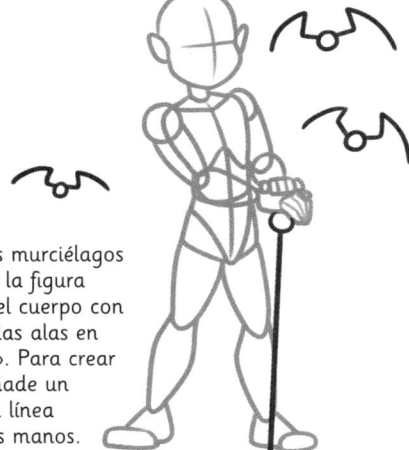

7. Dibuja varios murciélagos alrededor de la figura haciéndoles el cuerpo con un círculo y las alas en forma de «Z». Para crear el bastón, añade un círculo y una línea debajo de las manos.

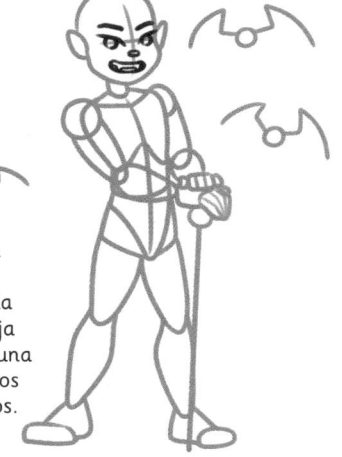

8. Crea los ojos con un círculo y una línea curva a lo largo de la parte superior. Dibuja las cejas, la nariz y una boca sonriente con los colmillos puntiagudos.

VAMPIRO

(continuación)

9. Define la cara y las orejas. Dibuja el cabello encima de la cabeza con una coleta corta en el lado izquierdo del dibujo.

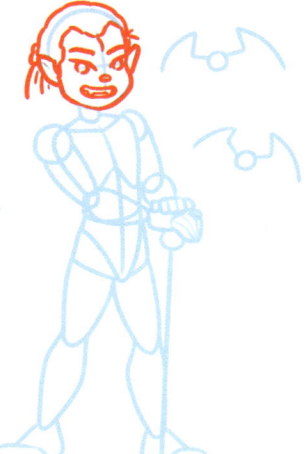

10. Dibuja el borde peludo de la capa sobre los hombros y una cadena que una los dos lados. Haz la larga capa y añade las líneas de los pliegues y varias roturas en el borde inferior.

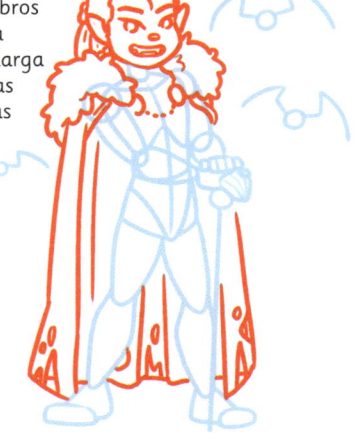

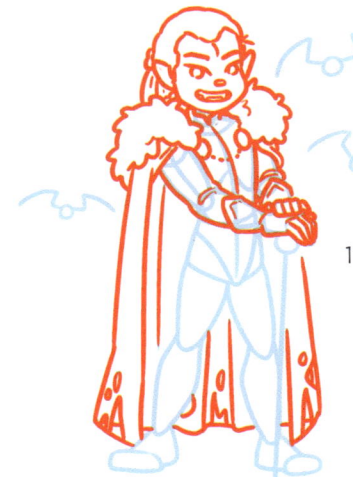

11. Dibuja la parte superior de la chaqueta y las mangas. Añade unos guantes largos que terminen en punta justo debajo del codo.

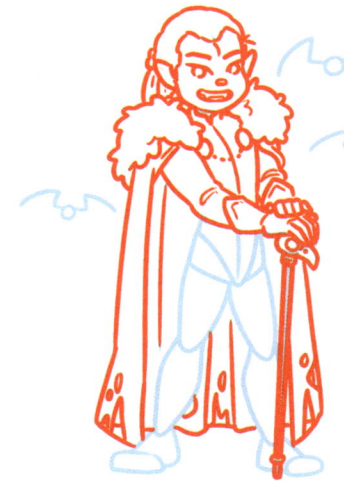

12. Añade los detalles del bastón, como la empuñadura en forma de cráneo de pájaro con una gran cuenca ocular y un pico curvado.

13. Dibuja la parte inferior de la chaqueta, con una abertura en el medio, y un cinturón. Hazle unos pantalones ajustados y unas botas con un borde triangular justo debajo de las rodillas.

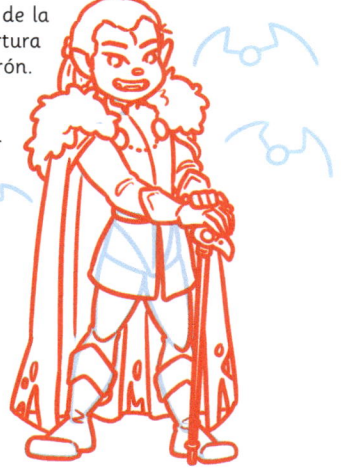

14. Dibuja los murciélagos añadiendo las orejas triangulares y el borde festoneado de las alas.

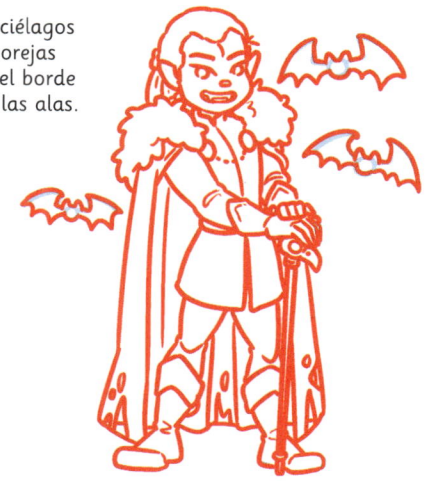

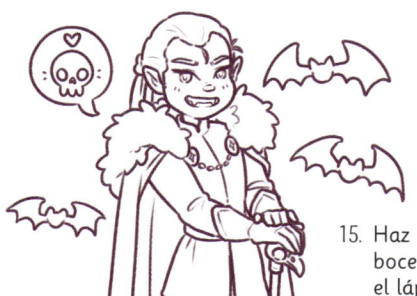

15. Haz el dibujo final sobre el boceto y, después, borra el lápiz con suavidad. Si quieres, puedes añadir unos trazos para indicar que el personaje tiene las mejillas sonrosadas, reflejos en los ojos y una pequeña calavera a su lado.

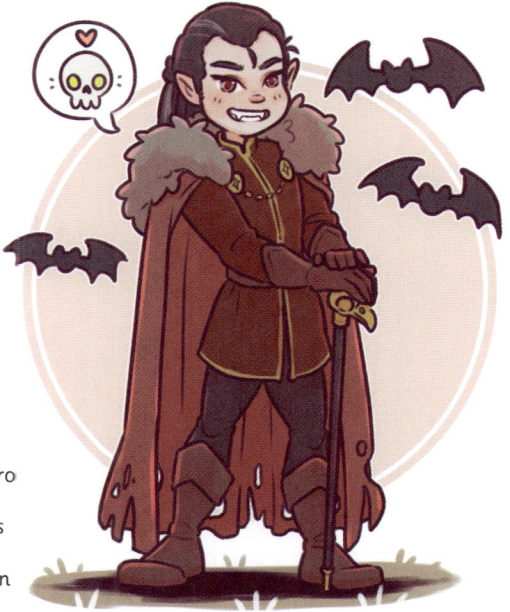

16. Ahora pinta la ilustración. He elegido rojo oscuro para la chaqueta y la capa, marrón para los guantes y las botas, y negro para el cabello, los pantalones y los murciélagos. He sombreado el contorno de los ojos con rojo; si quieres darle un aspecto aún más espeluznante, también puedes añadir un poco de rojo en la boca.

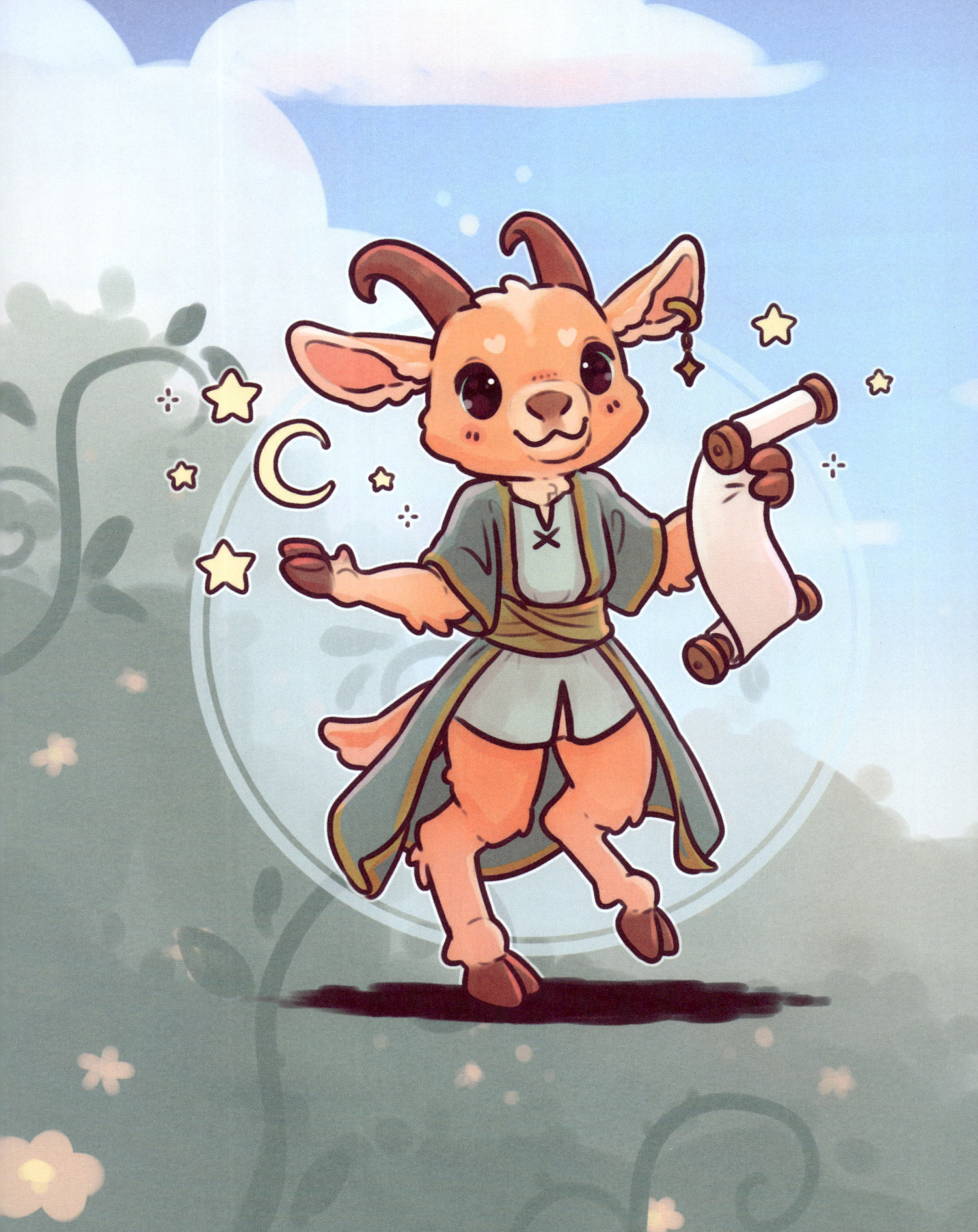

LA ALDEA PERDIDA

APRENDIZ DE BRUJO

El gran sueño de esta ranita es convertirse algún día en una gran aventurera y utilizar sus (muy limitadas) habilidades mágicas para salvar a su aldea de las fuerzas del mal.

1. Traza un óvalo con dos pequeñas protuberancias en la parte superior. Añade una guía en forma de cruz para situar los rasgos faciales.

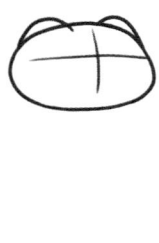

2. Para hacer el cuerpo, dibuja un óvalo más grande y curvado con una guía en el centro.

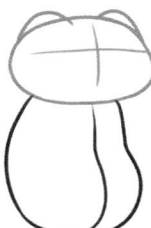

3. En la parte inferior del cuerpo, añade dos óvalos un poco inclinados hacia fuera. Añade otro óvalo más estrecho unido a la parte superior del primer óvalo de manera que forme un ángulo hacia abajo.

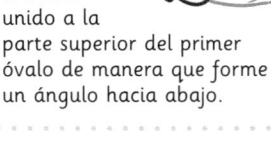

4. Dibuja los pies palmeados con tres dedos largos y un pequeño círculo en las puntas.

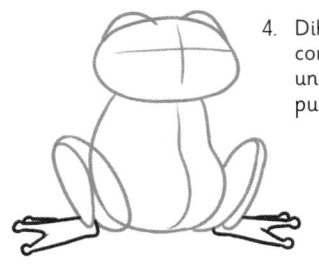

5. En los hombros, dibuja dos óvalos para crear la parte superior de los brazos y añade los antebrazos en forma de lágrima. Inclina los antebrazos hacia adentro. Después, traza una línea diagonal que pase por los brazos y añade dos rectángulos en el centro.

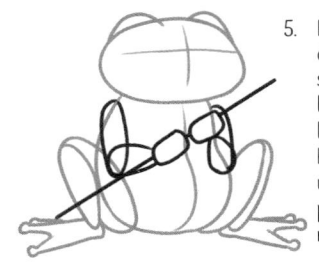

6. Crea los ojos con dos círculos rellenos y haz que la boca en forma de «W» ancha y plana.

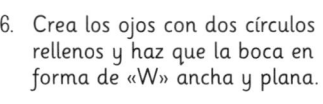
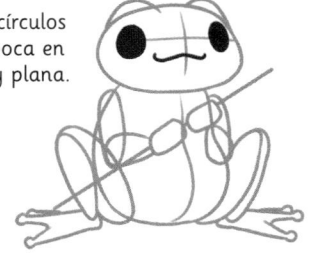

7. Dibuja una capucha acabada en punta alrededor de la cabeza, dejando un poco de espacio en la parte de arriba, y añade un broche circular debajo de la barbilla. Haz una borla que cuelgue de la punta de la capucha.

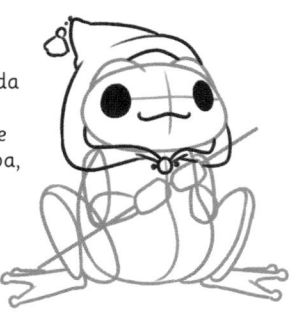

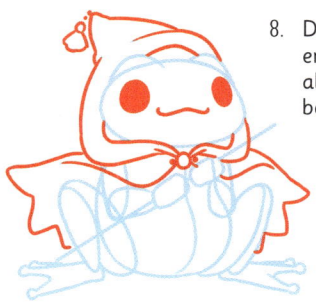

8. Dibuja la capa de manera que empiece en el broche y flote alrededor del cuerpo. Traza el borde inferior en zigzag.

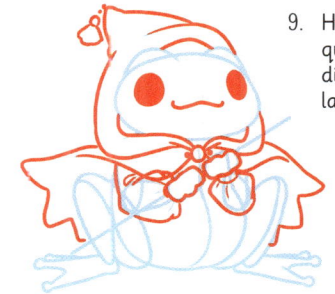

9. Hazle mangas abullonadas que se ciñan a las muñecas y dibújale las manos siguiendo las guías rectangulares.

10. Añade la camisa con el cuello, dos cruces en el centro y una abertura en la parte inferior. Define el cuerpo, las patas y los pies.

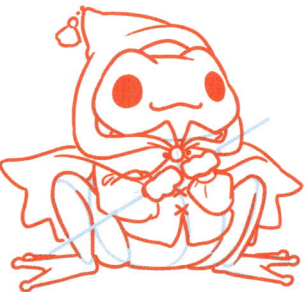

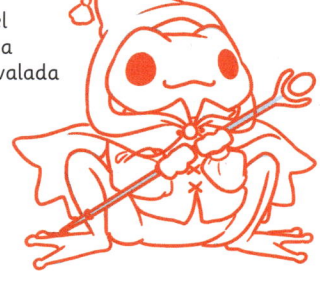

11. Dibuja los detalles del bastón, como la punta curvada y la gema ovalada que flota encima.

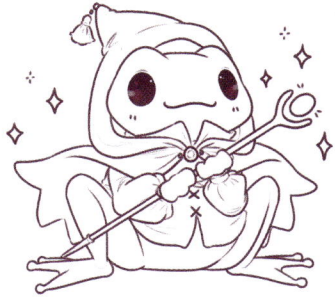

12. Haz el dibujo final sobre el boceto y, después, borra el lápiz con suavidad. Si quieres, puedes añadir unos trazos para indicar que el personaje tiene las mejillas sonrosadas, reflejos rojos y blancos en los ojos y destellos a su alrededor.

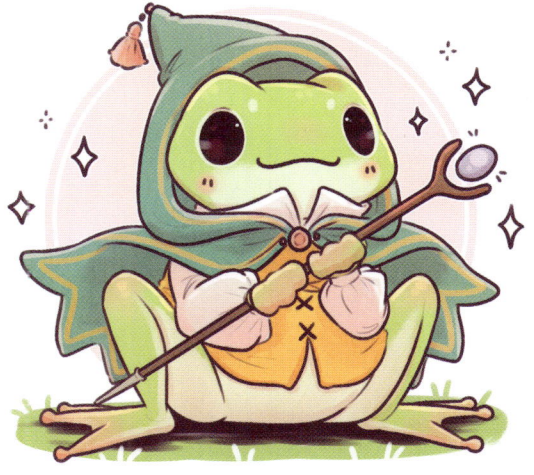

13. El último paso es colorear la ilustración. He elegido un tono verde pálido clásico para el cuerpo y uno verde oscuro para la capa. He pintado la camisa naranja y la piedra preciosa de color púrpura. Para los toques finales, he utilizado tonos rosados para la borla, el broche de la capa y la camisa.

BANDIDO

Este gatito ha viajado por todo el mundo y ha adquirido algunas habilidades muy interesantes por el camino. La mayoría de ellas tienen que ver con el hurto y el manejo del puñal, pero también le resultan muy útiles para vivir en la aldea.

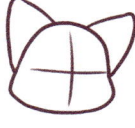

1. Dibuja un triángulo redondeado para la cabeza y añade una guía en forma de cruz para situar los rasgos faciales. Traza dos triángulos grandes para crear las orejas.

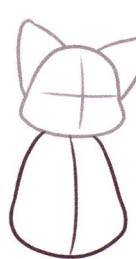

2. Haz el cuerpo en forma de huevo y añade una guía en el centro.

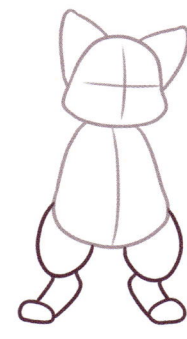

3. Traza dos óvalos grandes debajo del cuerpo. Después, dibuja los pies con un rectángulo alargado y una punta redondeada.

4. Crea la parte superior de los brazos con un óvalo y la inferior en forma de lágrima. Inclina los antebrazos hacia arriba de manera que los brazos formen una «V».

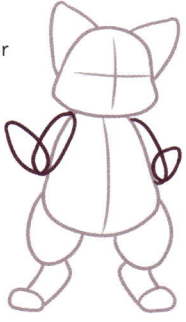

5. Dibuja las manos con el puño cerrado en forma de rectángulo. Añade un puñal en cada mano haciendo un triángulo alargado, una guarda ovalada y un círculo pequeño debajo del puño. Orienta el puñal de su mano derecha hacia arriba y el otro hacia abajo.

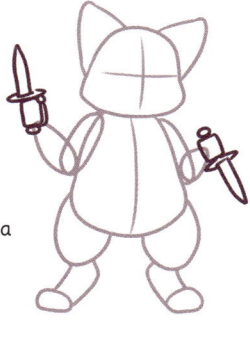

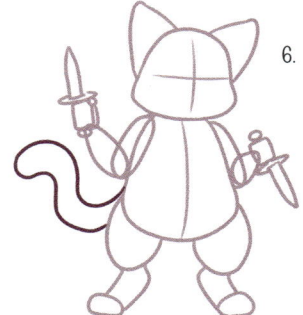

6. En el lado izquierdo del dibujo, dibuja una cola curva en forma de «2».

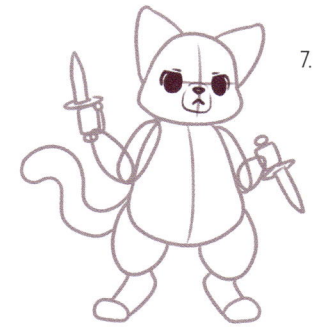

7. Crea dos ojos rellenos con una línea curva alrededor de cada uno. Inclina un poco la parte superior y añade unas rayitas encima para darle una expresión malhumorada. Traza con suavidad un hocico en forma de trapecio redondeado y, en su interior, haz una nariz triangular y una boca en forma de «V» del revés.

8. Dibuja una capucha sobre la cabeza de la que sobresalgan las orejas. Añade un broche en forma de pez debajo de la barbilla. Haz una capa sobre los hombros y detrás del cuerpo con el borde ondulado.

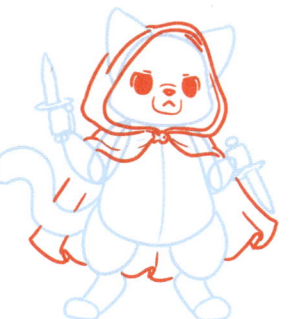

9. En el cuello y debajo de la capucha, haz una bufanda gruesa con flecos en el extremo que cuelga a su derecha. Dibuja la cabeza y las orejas añadiendo un poco de pelaje. Ponle un pendiente y traza los bigotes alrededor de la capucha.

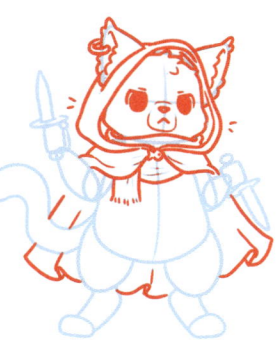

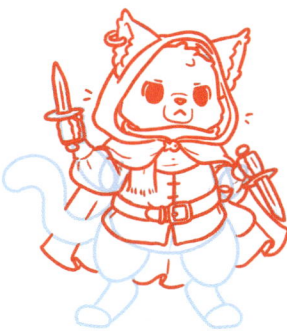

10. Haz la camisa y un cinturón con una bolsa en su lado izquierdo. Dibuja unas mangas abullonadas que se ciñan a las muñecas y unos mitones. Añade los puñales.

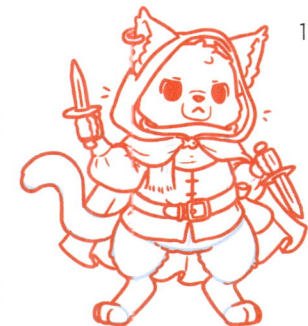

11. Dibuja las patas y la cola, añadiendo algo de pelaje en los bordes de las patas y en la parte inferior del abdomen. Define los pies y detalla en los dedos.

12. Haz el dibujo final sobre el boceto y, después, borra el lápiz con suavidad. Deja que la línea del hocico solo se aprecie ligeramente. Añade unos trazos para indicar que el personaje tiene las mejillas sonrosadas y reflejos rojos y blancos en los ojos.

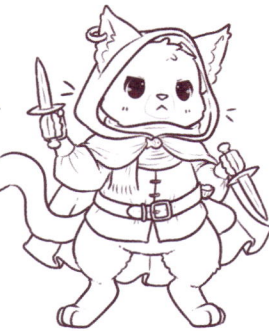

13. Ahora colorea la ilustración. He hecho un gato atigrado gris con rayas en la cara, la cola y las patas, pero puedes hacerlo como quieras. La capa es verde; la bufanda, azul claro, y la camisa, azul oscuro. Para los accesorios he utilizado tonos marrones y dorados.

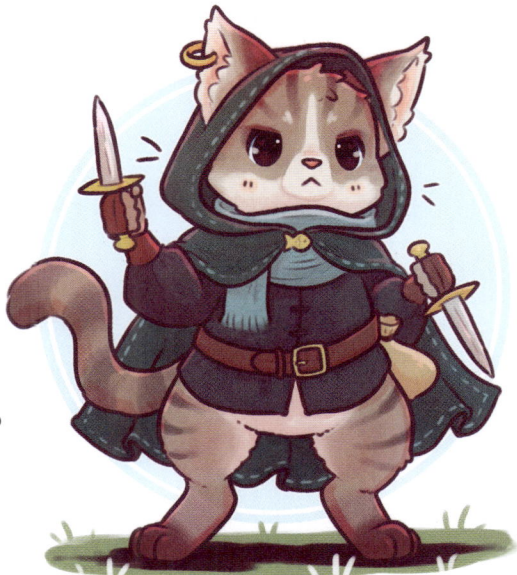

ENCANTADOR

Desde que un mago que se encontraba de viaje le regaló un libro de hechizos, este zorrito a menudo hechiza todo tipo de objetos, incluido el sombrero que lleva en la cabeza.

1. Dibuja un triángulo redondeado para la cabeza y añade una guía en forma de cruz para situar los rasgos faciales. Crea las orejas con dos triángulos grandes.

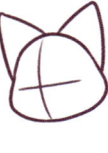

2. Haz el cuello con una pequeña «U» y el cuerpo en forma de huevo. Dibuja una guía curva vertical en el centro.

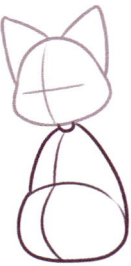

3. En la parte inferior del cuerpo, traza un círculo para las patas. Dibuja su pata izquierda dentro de las guías del cuerpo y la derecha un poco escondida tras el cuerpo. Añade dos óvalos curvos para crear los pies.

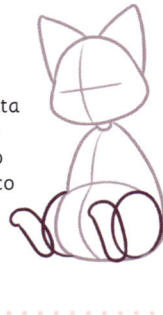

4. En los hombros, crea la parte superior de los brazos con un óvalo y la inferior en forma de lágrima. Inclina su brazo derecho para que quede separado del cuerpo, y haz que el izquierdo descanse sobre la pata.

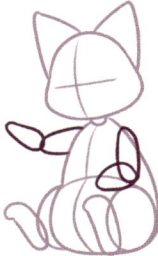

5. Dibújale la mano izquierda sujetando un libro abierto. Para crear el libro, haz unos rectángulos y añade las páginas con líneas onduladas.

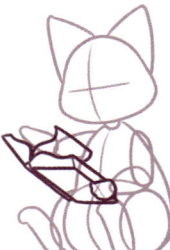

6. En su mano derecha, hazle un bastón trazando una línea recta con un circulito en lo alto. En la parte inferior del cuerpo, dibuja una cola voluminosa que se enrosque alrededor de su pata izquierda.

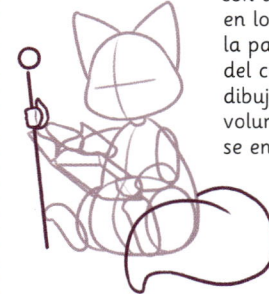

7. Crea los ojos con dos círculos rellenos y una línea curva alrededor de la parte superior. En el centro de la cara, haz una pequeña «C» para el hocico y añade una nariz triangular y un pequeño círculo para crear una boca abierta.

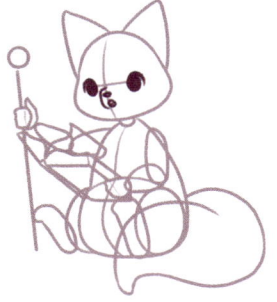

8. Traza un óvalo grande alrededor de la parte superior de la cabeza y añade una línea curva para hacer el borde interior. Entre las orejas, dibuja un triángulo ligeramente torcido para formar la punta del sombrero.

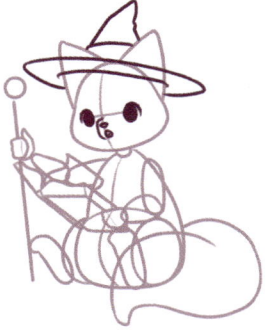

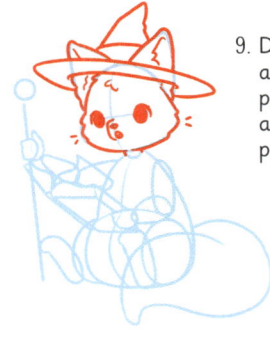

9. Dibuja la cabeza y las orejas añadiendo los detalles del pelaje. Traza dos rayas a cada lado de la cabeza para crear los bigotes.

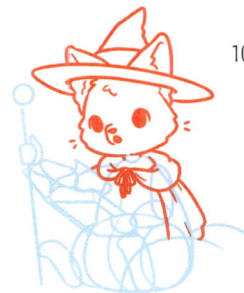

10. Hazle una capa atada con un lazo debajo del cuello y envuelta alrededor de los hombros. La capucha estará plegada en la parte superior y la parte restante en el lado derecho del dibujo.

11. Dibuja un libro y añade una línea ondulada que cuelgue del lomo para hacer un marcapáginas. Crea las mangas abullonadas y las dos manos.

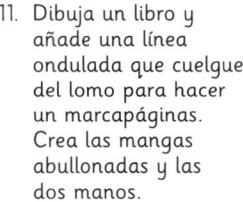
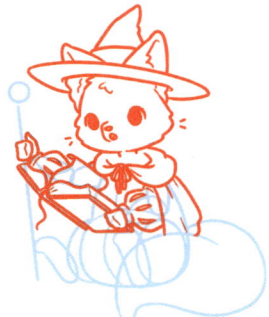

12. Añade la parte inferior del cuerpo, las patas, los pies y la cola, y luego los dedos de los pies y el pelaje a lo largo de los bordes del cuerpo y la cola. Dibuja los detalles del bastón, como un engaste en forma de ramitas que sostiene un orbe.

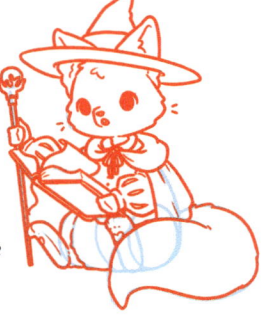

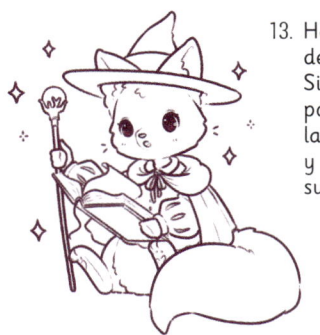

13. Haz el dibujo final sobre el boceto y, después, borra el lápiz con suavidad. Si quieres, puedes añadir unos trazos para indicar que el personaje tiene las mejillas sonrosadas, reflejos rojos y blancos en los ojos y destellos a su alrededor.

14. Ahora colorea la ilustración. He hecho el zorro naranja con manchas de color crema, y le he pintado las puntas de las orejas, las manos y los pies de color marrón. He optado por tonos púrpuras para el sombrero y la ropa, y por un tono rojizo para el orbe del bastón.

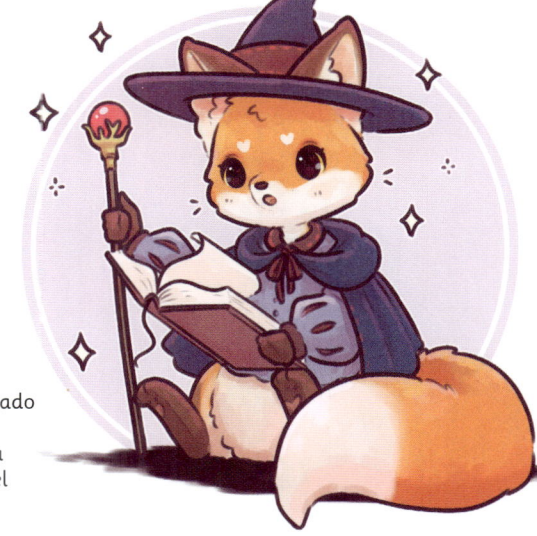

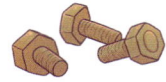 # INVENTOR

Este mapache es un manitas con mucho talento que lleva construyendo máquinas por toda la ciudad desde que era joven. No obstante, algunos de sus inventos tienen tendencia a arder, así que mantén una distancia prudencial.

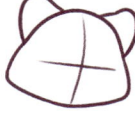 1. Dibuja un triángulo redondeado para la cabeza y añade una guía en forma de cruz para situar los rasgos faciales. Traza las orejas con dos triángulos redondeados.

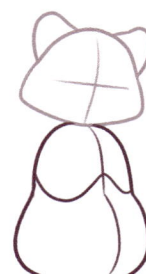 2. Haz el cuerpo en forma de huevo. Añade una guía en forma de «W» que lo divida y luego una guía vertical curva en el centro.

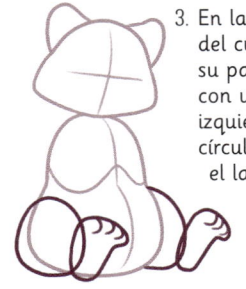 3. En la parte inferior del cuerpo, traza su pata derecha con un círculo y la izquierda con un círculo parcial. En el lado derecho del dibujo, haz los pies curvados y las líneas de los dedos.

4. Haz el inicio de la cola trazando una «C» en el lado izquierdo del dibujo. En el otro lado, traza el resto de la cola en forma de «J».

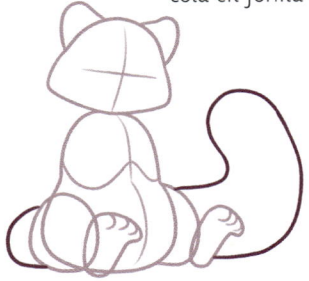

5. En los hombros, crea la parte superior de los brazos con un óvalo y la inferior en forma de lágrima. Orienta los brazos hacia adentro.

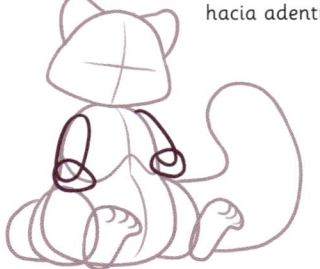

6. Dibuja su mano derecha de modo que sostenga un círculo con los dedos, y la izquierda sujetando un martillito con el que golpea el círculo.

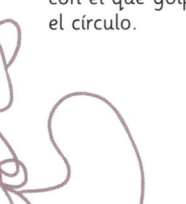

7. En la frente, hazle unas gafas sujetas con una correa. Traza óvalos para los cristales y líneas curvas para la correa.

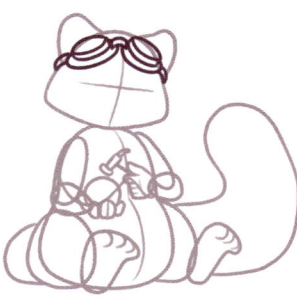

8. Crea los ojos con dos círculos rellenos y una línea curva alrededor de la parte superior. Dibuja una forma redonda para el hocico, una nariz circular y una boca curva con dos clavos que sobresalgan.

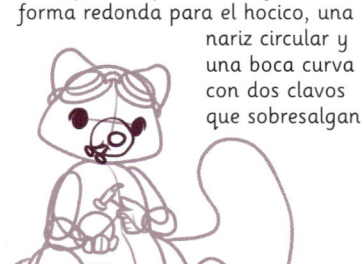

9. Define las gafas y añádeles más líneas y sombras para darles volumen. Traza la cabeza y las orejas dibujándoles un poco de pelaje. Traza los bigotes a los lados de la cara.

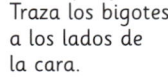
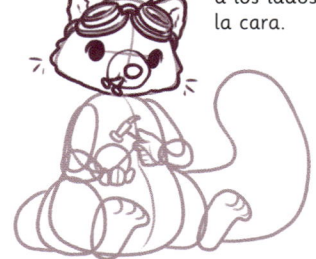

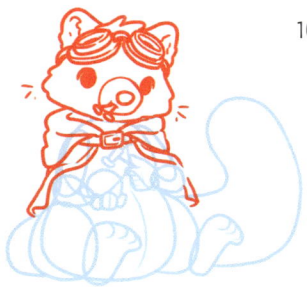

10. Dibújale una capucha alrededor de los hombros y una capa que le caiga por los lados. Para crear el broche, dibuja una correa de cuero con una hebilla de cinturón en el medio.

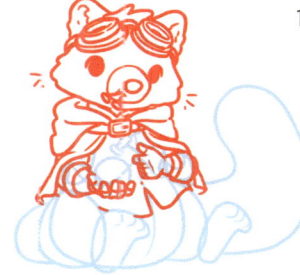

11. Haz el borde inferior de una camisa sencilla con las mangas dobladas por encima de los codos. Añade las manos con mitones.

12. Dibuja el martillo, varios tornillos y, en el círculo de su mano derecha, una rueda dentada.

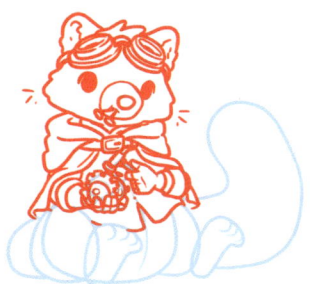

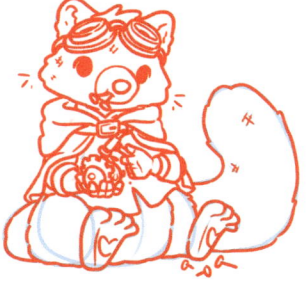

13. Traza las patas y la cola con un poco de pelaje en los contornos. Dibuja un pequeño corazón en la planta de cada pie. Crea los rasguños de la cara y de la cola con un entramado de líneas. Añade algunos tornillos en el suelo.

14. Haz el dibujo final sobre el boceto y, después, borra el lápiz con suavidad. Si quieres, puedes añadir unos trazos para indicar que el personaje tiene las mejillas sonrosadas, más marcas de rasguños en las patas, reflejos rojos y blancos en los ojos y destellos a su alrededor.

15. ¡Pinta la ilustración! He utilizado los colores típicos de un mapache, blanco y marrón con manchas en la cara. He optado por ponerle una camisa y una capa de tonos rosas, y unas gafas, un cinturón y unos guantes de color marrón.

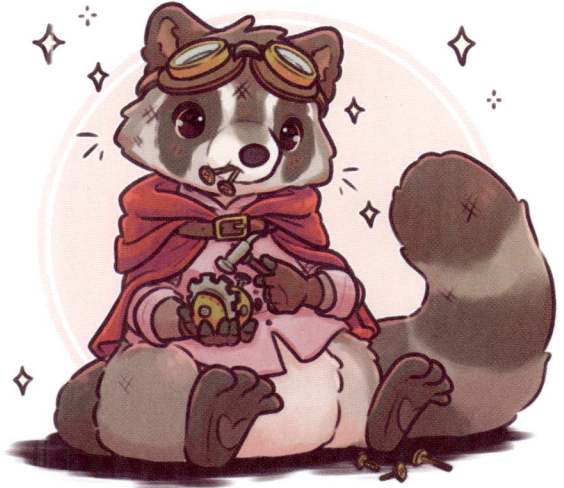

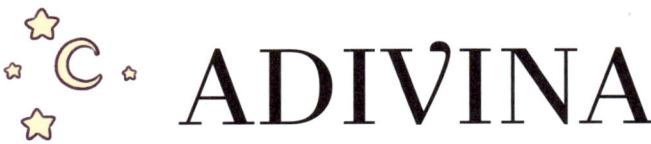

ADIVINA

Nacida con la facultad de predecir el futuro, esta cabra utiliza sus talentos para hacer el bien. Para mantener la aldea a salvo, aconseja a sus habitantes que elijan los caminos más adecuados siempre que el peligro acecha.

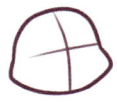 1. Dibuja una forma redonda con lados puntiagudos para la cabeza y añade una guía en forma de cruz para situar los rasgos faciales.

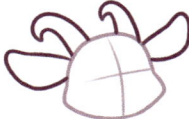 2. Haz las orejas con dos óvalos puntiagudos. Sobre la cabeza, haz dos cuernos curvados que acaben en punta.

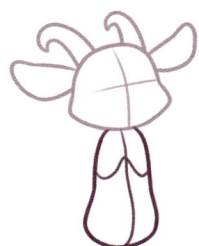 3. Añade el cuerpo en forma de huevo alargado. Traza una guía en forma de «W» redondeada en el cuerpo y luego una guía vertical curva en el centro.

4. En la parte inferior del cuerpo, crea su muslo derecho con un óvalo y el izquierdo con un óvalo parcial. Haz la parte inferior de las patas trazando líneas con un ángulo y añade un círculo al final. Dibuja las pezuñas con dos dedos y un talón triangulares.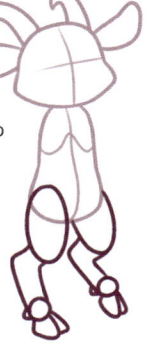

5. Traza unos círculos para hacer los hombros y crea los brazos con una «U» seguida de una lágrima. Inclina los brazos hacia arriba para separarlos del cuerpo.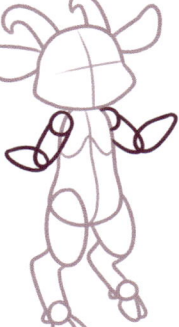

6. En los extremos de los brazos, dibuja las manos en forma de pezuña. Hazle la derecha con la «palma» hacia arriba, con los dedos en forma de rombo y un círculo en la base. Dibuja la otra en forma de «puño» con dos dedos.

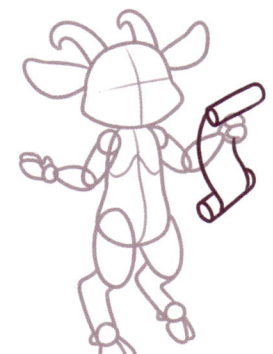 7. En la mano derecha, dibuja un pergamino desplegado. Traza cilindros para crear la parte superior y la inferior, y luego únelos con líneas curvas.

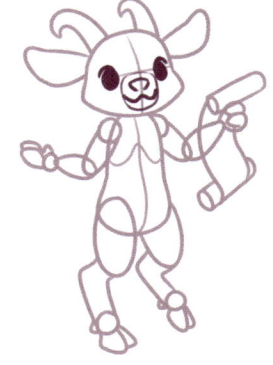 8. Crea los ojos con dos círculos rellenos y una curva alrededor de la parte superior. Dibuja un hocico en forma de cuadrado redondeado y luego añade una nariz triangular redondeada sin la punta inferior. Después, añade la boca en forma de «W».

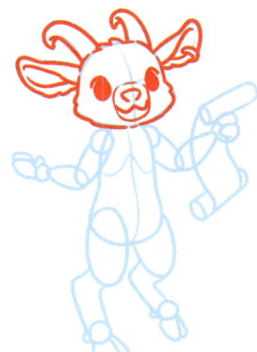

9. Dibuja la cabeza, las orejas y los cuernos añadiendo un poco de pelaje. En la oreja derecha, ponle un pendiente.

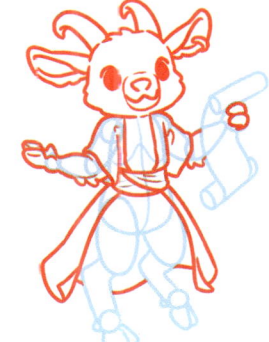

10. Haz la parte superior con mangas que le lleguen hasta los codos. Dibuja los dos lados del abrigo abierto y un cinturón alrededor de la cintura. Define los brazos y las pezuñas, y añade un poco de pelo en los codos.

11. Dibuja una camisa sencilla con una abertura en el cuello y otra en el borde inferior. Haz las patas añadiendo un poco de pelaje en el contorno. Crea las pezuñas y, a la derecha del dibujo, una cola peluda.

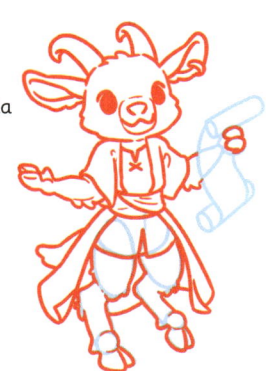

12. Detalla el pergamino dividiendo los cilindros en tres partes. Añade un amuleto en forma de estrella de cuatro puntas al pendiente. Después, dibuja algunas estrellas y una medialuna a la izquierda y a la derecha del personaje.

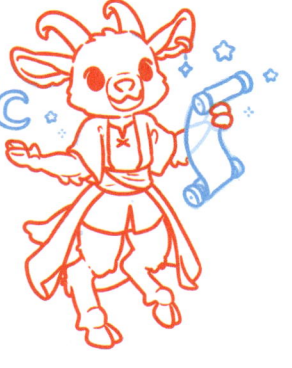

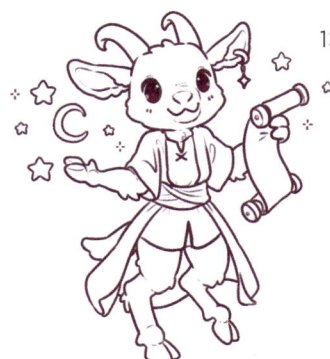

13. Haz el dibujo final sobre el boceto y, después, borra el lápiz con suavidad. Añade unos trazos para indicar que el personaje tiene las mejillas sonrosadas y reflejos rojos y blancos en los ojos.

14. Para colorear la ilustración, he elegido un verde azulado claro para la ropa y he pintado el pelaje de color marrón claro con sombras rosadas. He utilizado un marrón más oscuro para los cuernos, las pezuñas y las partes de madera del pergamino. En cuanto a los detalles, he pintado de dorado el pendiente, el cinturón y el ribete de la capa, y de amarillo las estrellas y la luna.

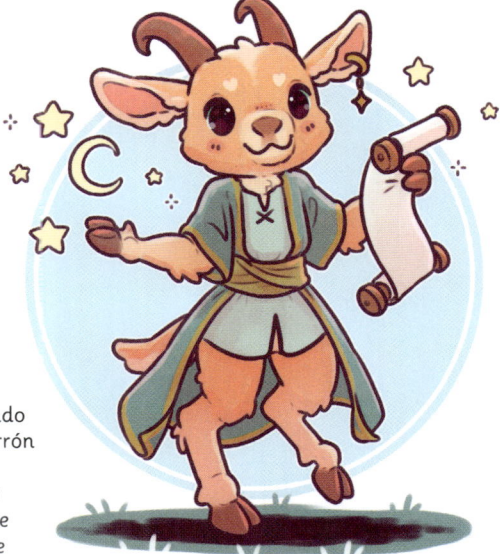

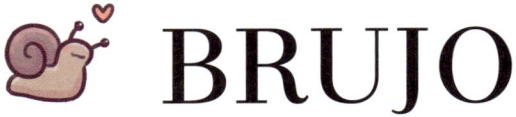

BRUJO

Durante un viaje al Bosque Ancestral, este ciervo se encontró con un druida que buscaba ayuda con la magia de la naturaleza. Ahora es un poderoso brujo y el dueño de un próspero jardín mágico.

1. Dibuja la cabeza inclinada trazando una forma redonda con lados puntiagudos y añade una guía en forma de cruz para situar los rasgos faciales. Haz las orejas en forma de lágrima con una línea en el medio.

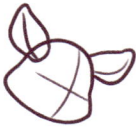

2. Al lado de las orejas, haz las ramificaciones de las astas. Empieza con una línea curva larga y, después, añade líneas más pequeñas que salgan de ella.

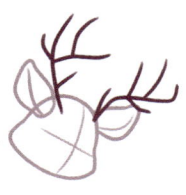

3. Haz el cuello con una «U» y, después, añade el cuerpo en forma de huevo alargado. Traza una guía en forma de «W» redondeada para crear la parte superior del torso y añade una guía vertical curva en el centro.

4. En la parte inferior del cuerpo, crea su muslo derecho con un óvalo y el izquierdo con un óvalo parcial. Haz la parte inferior de las piernas con rectángulos alargados. Encima del muslo derecho, añade una cola corta y curvada.

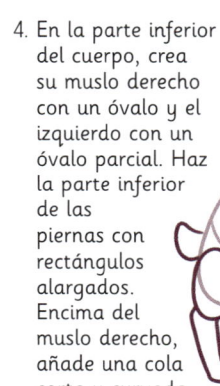

5. En los hombros, traza dos óvalos para los brazos. Haz que los brazos apunten hacia la derecha del dibujo y dibújale el derecho ligeramente doblado. Añade dos óvalos en el extremo de cada brazo.

6. Encima de su mano derecha, dibuja un caracol con una concha en espiral. Traza una línea recta que atraviese los óvalos de su otra mano.

7. Hazle una medialuna en la frente y añade una línea de puntos a cada lado para crear una cadena. Crea los ojos cerrados con dos líneas curvas. Dibuja una «C» del revés para el hocico, un triángulo parcial para la nariz y una boca en forma de «W» plana.

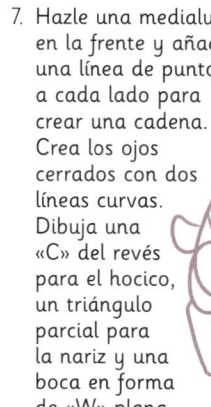

8. Aumenta el grosor de los astas de manera que se estrechen hasta acabar en punta.

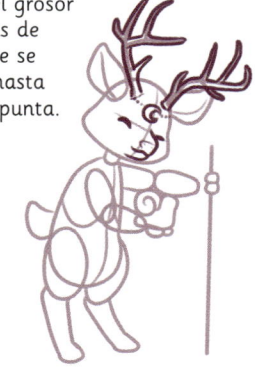

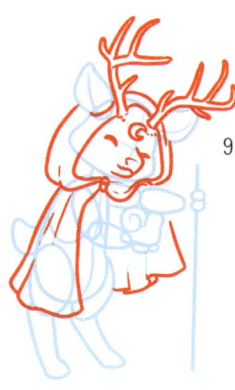

9. Dibuja una capucha sobre la cabeza, justo por detrás de las astas, y añade los agujeros para las orejas. Ponle un pequeño broche en el cuello en forma de bellota. Haz que la capa le cuba los hombros y le caiga por los lados del cuerpo.

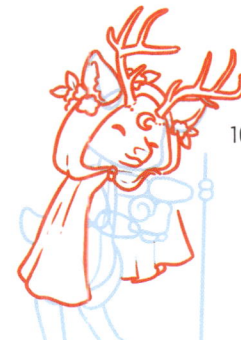

10. Hazle las orejas y añade algunas flores y hojas a su alrededor.

11. Dibuja la cara añadiendo un poco de pelaje en el contorno. Hazle una camisa de manga larga y cuello pequeño. Añade las manos y los detalles del caracol y del bastón, incluida una gema hexagonal flotando en lo alto.

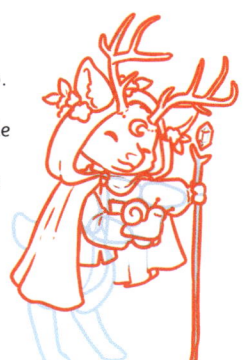

12. Dibuja las patas y la cola con pelaje en el contorno. Traza una línea en las pezuñas.

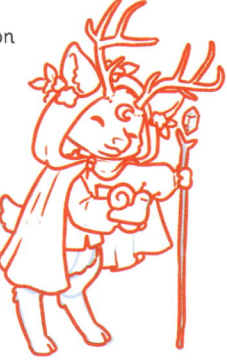

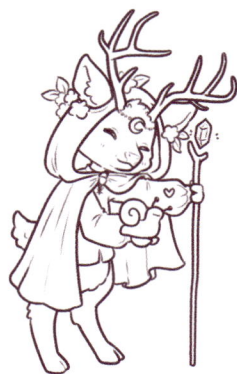

13. Haz el dibujo final sobre el boceto y, después, borra el lápiz con suavidad. Añade unos trazos para indicar que el personaje tiene las mejillas sonrosadas y reflejos en los ojos. Si quieres, también puedes dibujar un corazoncito encima del caracol.

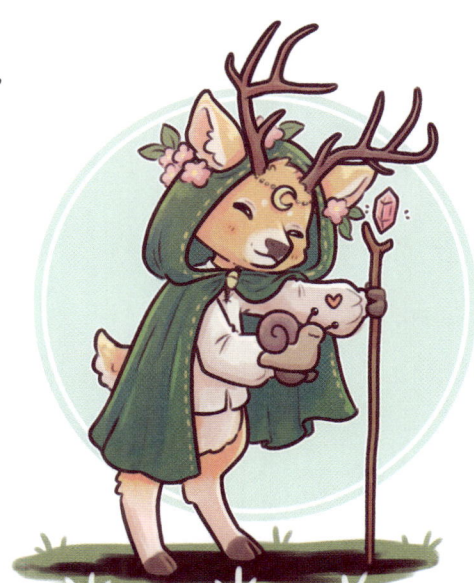

14. ¡Pinta la ilustración! He elegido un verde para la capa y un rosa para las flores y la gema. He pintado el pelaje de un tono dorado con manchas de color crema, y las astas y las pezuñas de color marrón. La camisa la he hecho de un tono crudo.

⋆ GUERRERO

Los amigos leales escasean. Este oso protector ha decidido vivir en el centro de la aldea y, si os cruzáis con él y os hacéis amigos, tendréis a un guerrero que siempre estará a vuestro lado, excepto los meses invernales en los que hiberna.

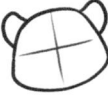

1. Dibuja una forma redonda para la cabeza y añade una guía en forma de cruz para situar los rasgos faciales. Haz las orejas con dos semicírculos.

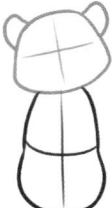

2. Haz un cuerpo en forma de huevo con una guía central a lo ancho y otra a lo largo.

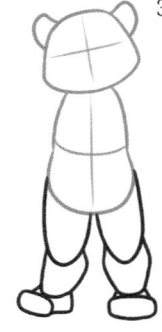

3. Debajo del cuerpo, haz los muslos con dos «U» largas y finas. Forma la parte inferior de las piernas con dos «U» más cortas. Después, crea los pies con dos secciones rectangulares. Hazle su pie derecho apuntado hacia un lado y el otro hacia delante.

4. Traza unos círculos para hacer los hombros y crea los brazos con una «U» seguida de una lágrima. Hazle el brazo derecho hacia abajo y el izquierdo flexionado en forma de «L».

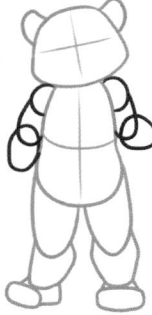

5. Añade las manos en forma de puño. Dibuja las líneas de los dedos y el pulgar de la mano derecha, pero aún no detalles la otra mano.

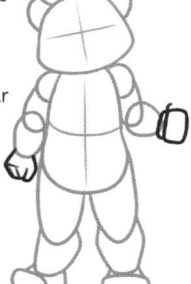

6. En su mano izquierda, traza una línea recta hasta el suelo y, en lo alto, la forma alada del filo del hacha.

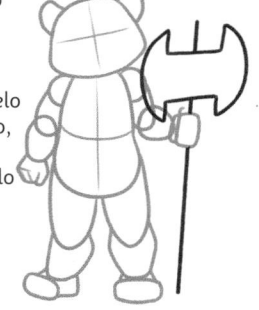

7. Crea los ojos circulares con una línea inclinada a lo largo de la parte superior para darle una expresión malhumorada. Dibuja un hocico en forma de rectángulo y añade una nariz rectangular y una boca en forma de «V» del revés. Ponle un pequeño diente en su comisura derecha de la boca.

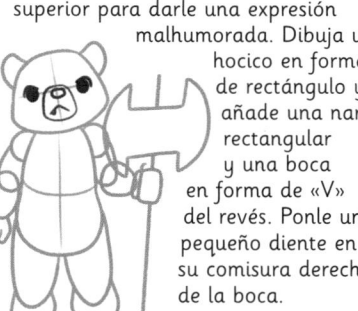

8. Dibuja la cabeza y las orejas añadiendo un poco de pelaje. Traza unas líneas en la frente para crear algunas cicatrices.

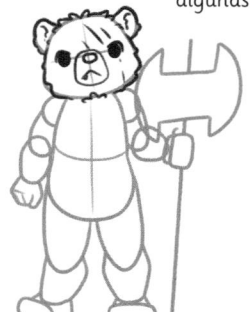

9. Dibuja una capa peluda que empiece en su hombro derecho y le cuelgue por detrás del cuerpo. Hazla un poco curvada hacia su derecha, como si el viento la moviera.

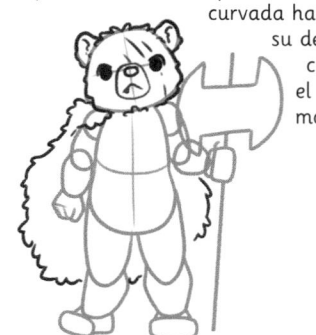

10. Ponle un collar con un pequeño amuleto ovalado. Después, hazle una coraza en su hombro izquierdo con una correa que le cruce el pecho. Haz un nudo en el centro de la correa y una hebilla un poco más abajo.

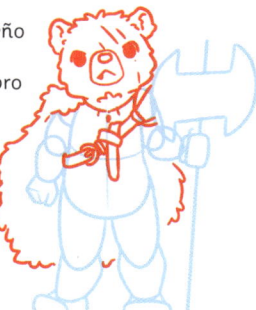

11. Alrededor de la cintura, dibuja un fajín y, debajo, un trozo de piel. Después, haz la parte superior del pantalón bombacho.

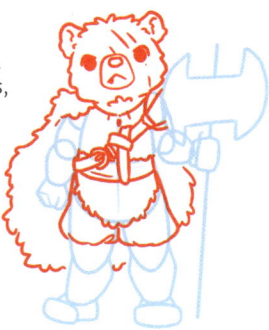

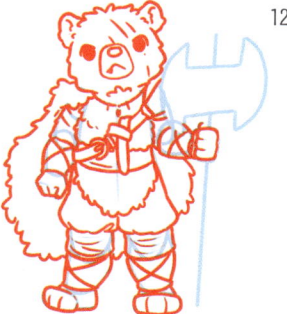

12. Añade un poco de pelaje en el pecho, los brazos y las manos. Cubre las rodillas con unas telas envueltas. Después, pon unas protecciones con una «X» encima en los antebrazos y en la parte inferior de las piernas. Dibuja los pies y unas cicatrices en su hombro derecho.

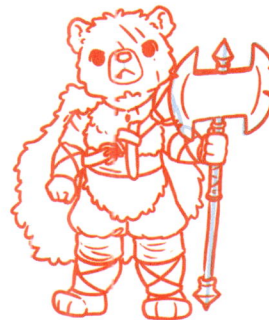

13. Dibuja pinchos en la parte superior e inferior del hacha, una empuñadura en el mango y algunas muescas en la hoja.

14. Haz el dibujo final sobre el boceto y, después, borra el lápiz con suavidad. Si quieres, puedes añadir unos trazos para indicar que el personaje tiene las mejillas sonrosadas, reflejos en los ojos y destellos a su alrededor.

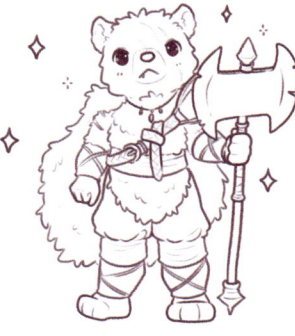

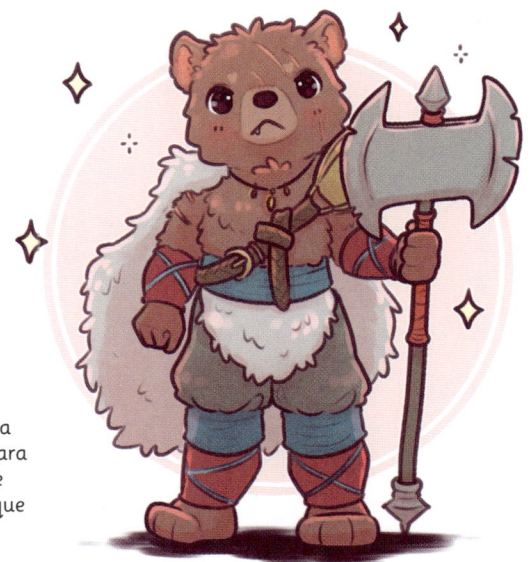

15. Ahora pinta la ilustración. He elegido marrón para el pelo y rosa para las cicatrices y las sombras. Para los pantalones he optado por un sencillo gris y he pintado la capa de color crudo. Para darle un toque de color, he utilizado rojo para las protecciones y verde azulado para el fajín, las «X» de las protecciones y las telas de las rodillas.

ARQUERO

Con su vista excelente y su capacidad de volar, este búho es un gran arquero. De momento nadie ha sido capaz de superarlo en ninguna competición de tiro con arco. Si alguna vez llegas a la Aldea Perdida y necesitas un profesor, pregunta por el búho arquero.

1. Dibuja una forma redonda con lados puntiagudos para la cabeza y añade una guía en forma de cruz para situar los rasgos faciales.

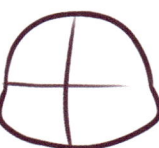

2. Encima de la cabeza, traza las plumas alzadas con dos formas puntiagudas parecidas a lágrimas.

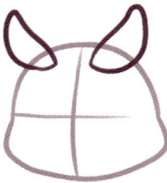

3. Dibuja un cuerpo grande en forma de huevo con una guía vertical curva en el centro y otra en forma de «W» para el torso.

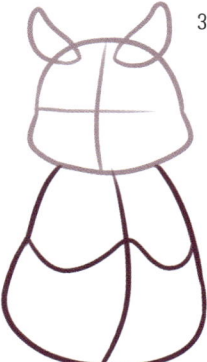

4. Debajo del cuerpo, haz la parte superior de cada pata con una «U» y la inferior con una «U» más pequeña. Dibuja su pie derecho con un rectángulo y el izquierdo con dos.

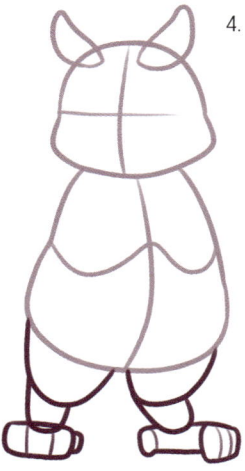

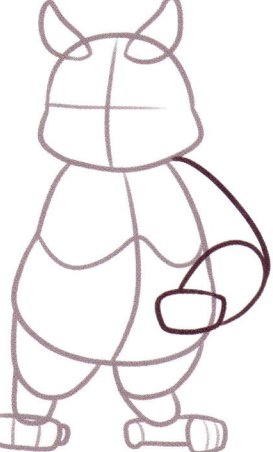

5. Traza una línea curva desde su hombro izquierdo y añade un antebrazo ovalado inclinado hacia la izquierda del dibujo. Esboza la mano con un rectángulo.

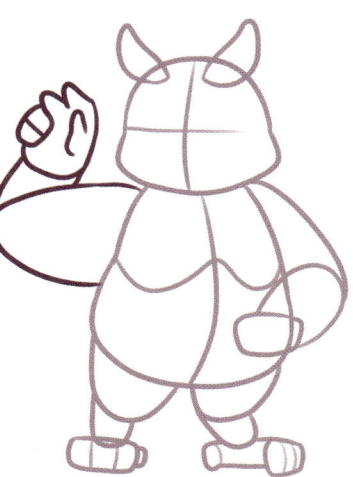

6. Para crear el brazo derecho, primero traza una gran «U» de lado y luego añade el antebrazo de modo que apunte hacia arriba. Dibuja las plumas que forman la mano haciendo dos «dedos» doblados y tres extendidos.

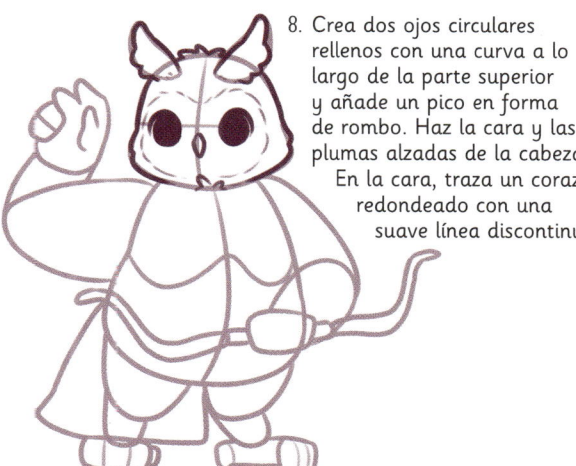

7. Esboza las plumas de la cola trazando un rectángulo detrás de su pata derecha. En su mano izquierda, dibuja el arco con una pieza central rectangular y dos extremos curvos.

8. Crea dos ojos circulares rellenos con una curva a lo largo de la parte superior y añade un pico en forma de rombo. Haz la cara y las plumas alzadas de la cabeza. En la cara, traza un corazón redondeado con una suave línea discontinua.

ARQUERO

(continuación)

9. Haz la capucha alrededor de la cabeza. Dibuja un broche en forma de medialuna en el cuello y añade la capa de manera que le cubra los hombros y le caiga por detrás.

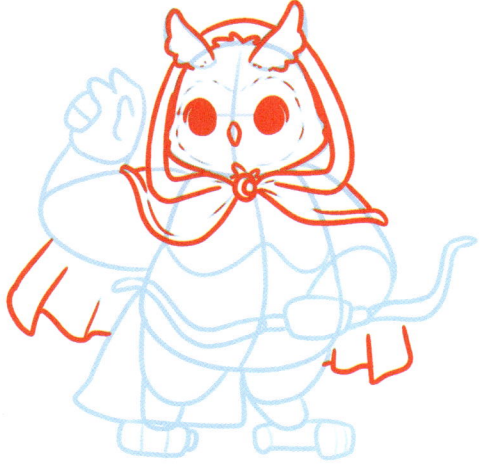

10. Añade una correa que le cruce el cuerpo desde su hombro derecho y ponle una hebilla en el centro. Debajo de la correa, dibuja una sencilla camisa de manga corta con una abertura en la parte inferior.

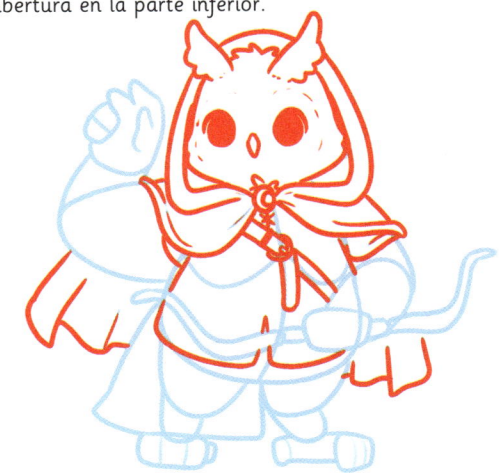

11. Define la parte inferior del cuerpo y las piernas, añadiéndole el plumaje. Hazle los pies.

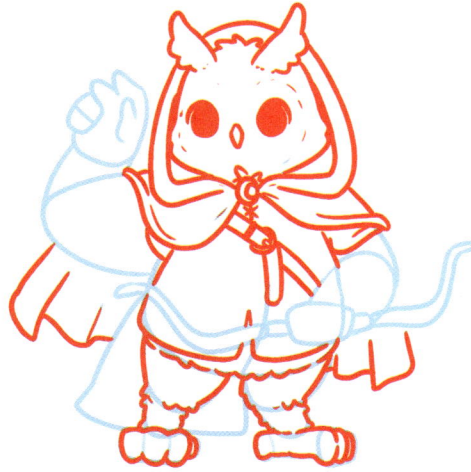

12. Dibuja con detalle el arco, con una cuerda entre los dos extremos y algunos lazos atados en las puntas.

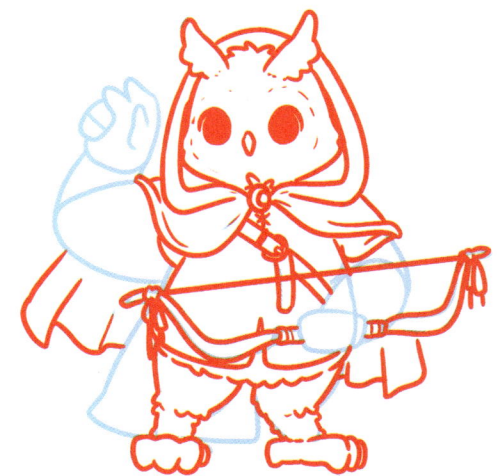

13. Dibuja los brazos y las manos, añadiendo grandes plumas redondeadas a lo largo del borde del brazo.

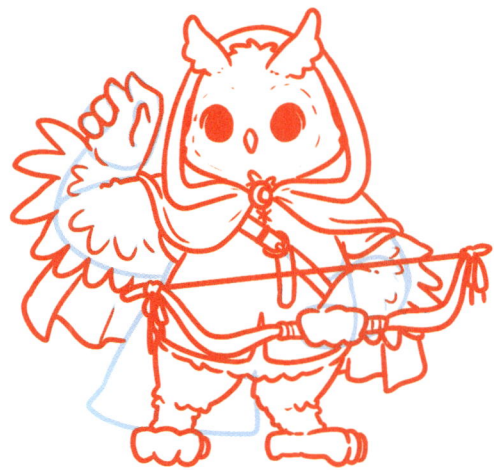

14. Entre los dos dedos extendidos de su mano derecha, dibuja la parte posterior de una flecha y luego añade un carcaj con más flechas detrás de la mano. Define la cola haciéndole plumas en el borde.

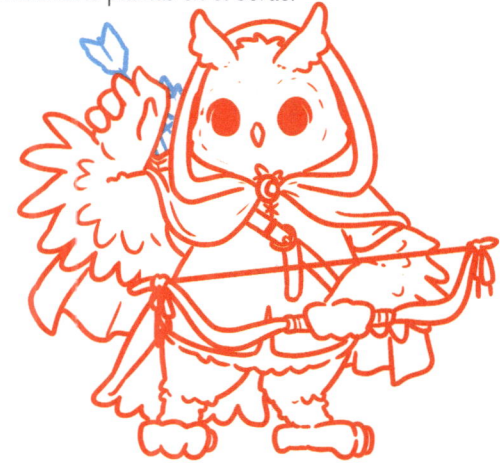

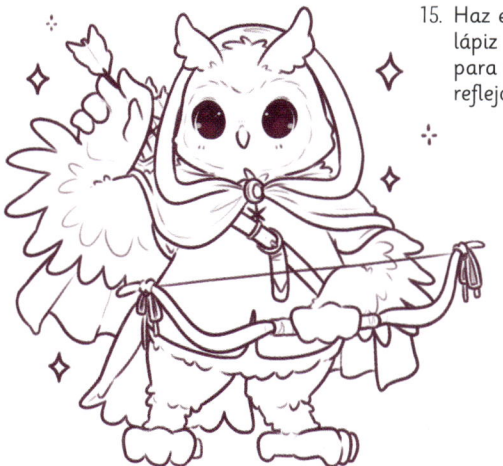

15. Haz el dibujo final sobre el boceto y, después, borra el lápiz con suavidad. Si quieres, puedes añadir unos trazos para indicar que el personaje tiene las mejillas sonrosadas, reflejos en los ojos y destellos a su alrededor.

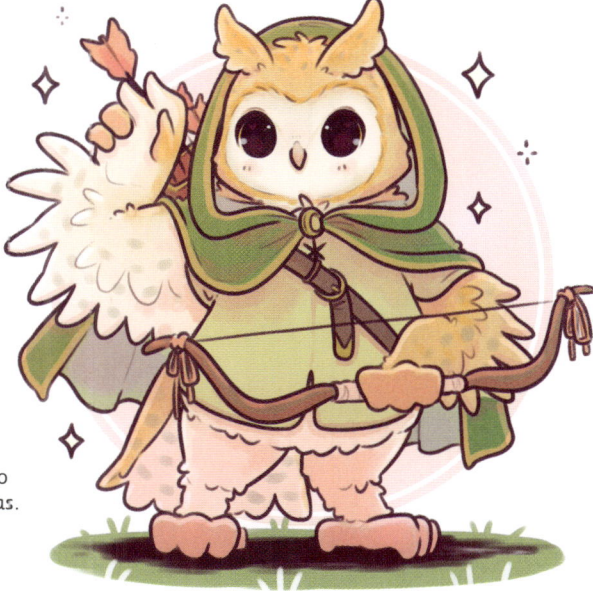

16. ¡Ahora colorea la ilustración! Mi personaje es un búho común de tonos dorados y blancos con las patas rosas. He pintado la capa y la camisa de color verde, y las flechas y el carcaj de un tono rojizo.

✦ LEGIONARIO

Este lobo legionario vigila la aldea y, aunque puede parecer serio y un poco gruñón, le encanta trabajar en equipo con sus compañeros. Siempre los verás con su armadura reluciente y sus espadas bien afiladas. Son capaces de olfatear que se acerca una batalla a gran distancia.

1. Dibuja una forma redonda para la cabeza con una curva a la izquierda para el hocico. Añade una línea en la cara como guía.

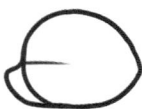

2. Encima de la cabeza, dibuja dos orejas triangulares.

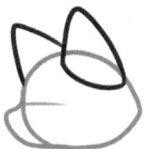

3. Haz el cuello en forma de «U». Dibuja la parte superior del cuerpo en forma de «W» y añade una guía curva y larga en el centro.

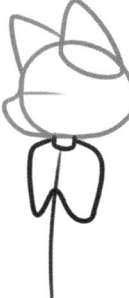

4. Para la parte inferior del cuerpo, dibuja un rectángulo con un trapecio debajo. Para crear las caderas, divide el trapecio en tres triángulos más pequeños haciendo dos líneas diagonales.

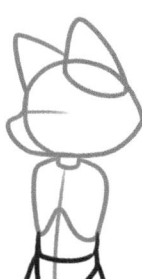

5. Debajo de las caderas, haz los muslos con dos «U» largas y finas. Forma la parte inferior de las piernas con dos «U» más puntiagudas. Después, crea los pies con dos secciones en forma de triángulo y rectángulo. Gira su pie derecho hacia fuera.

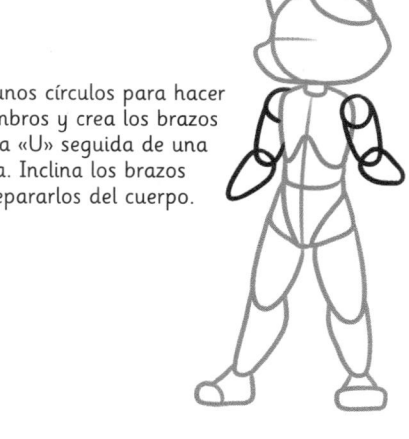

6. Traza unos círculos para hacer los hombros y crea los brazos con una «U» seguida de una lágrima. Inclina los brazos para separarlos del cuerpo.

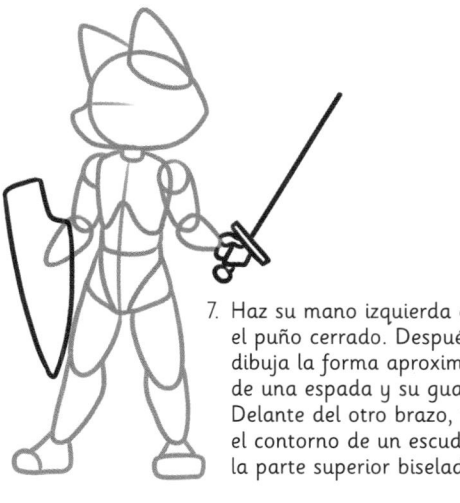

7. Haz su mano izquierda con el puño cerrado. Después, dibuja la forma aproximada de una espada y su guarda. Delante del otro brazo, traza el contorno de un escudo con la parte superior biselada.

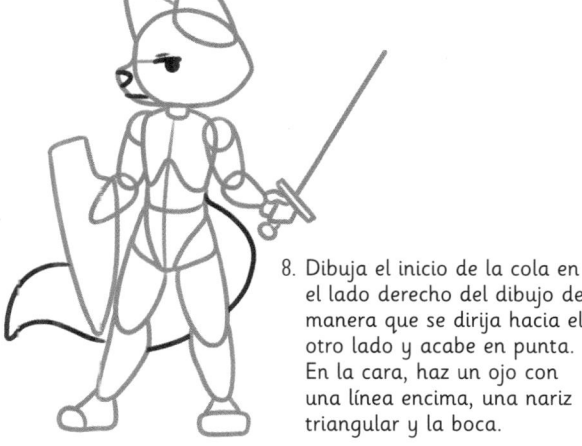

8. Dibuja el inicio de la cola en el lado derecho del dibujo de manera que se dirija hacia el otro lado y acabe en punta. En la cara, haz un ojo con una línea encima, una nariz triangular y la boca.

LEGIONARIO

(continuación)

9. Dibuja la cabeza y las orejas añadiendo un poco de pelaje. Traza rayitas a los lados de la cabeza para hacer los bigotes.

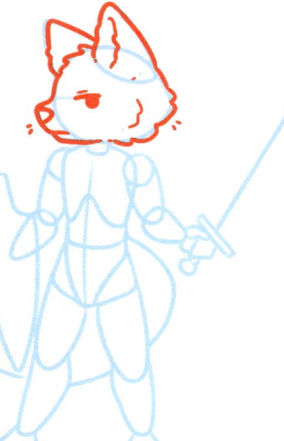

10. Haz las hombreras y la coraza. Añade el cuello del jubón y un cinturón anudado alrededor de la cintura.

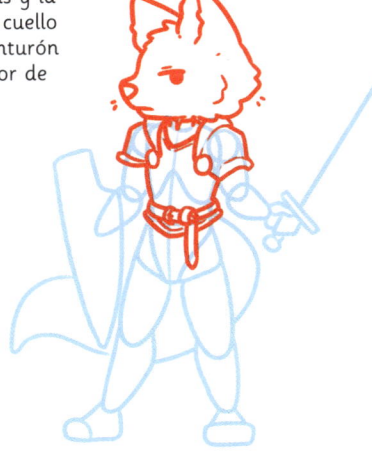

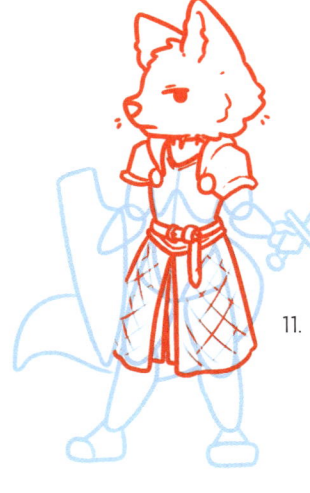

11. Dibuja el protector acolchado de la parte inferior del cuerpo con una abertura central que deje ver el jubón de debajo. Crea su textura con una cuadrícula en diagonal.

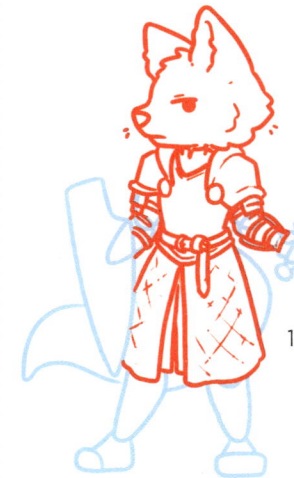

12. Añade los brazos con unas protecciones sujetadas con unas correas.

13. Dibuja el escudo con un ribete y luego la espada con una hoja afilada y una guarda con extremos redondeados.

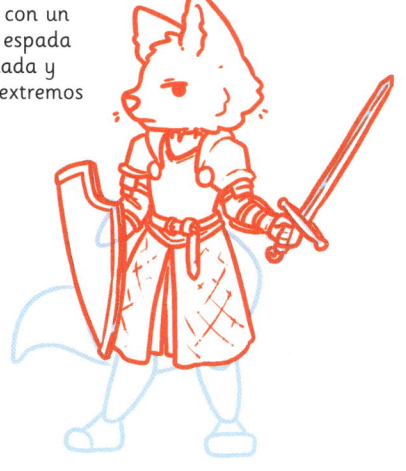

14. Añade otra protección atada a la parte inferior de las piernas. Dibuja los pies y las líneas de los dedos. Crea una capa ondulante en el lado derecho del dibujo.

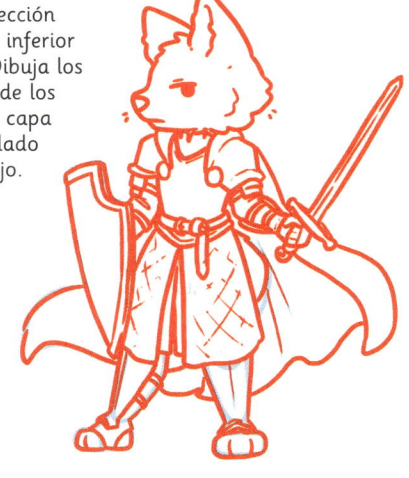

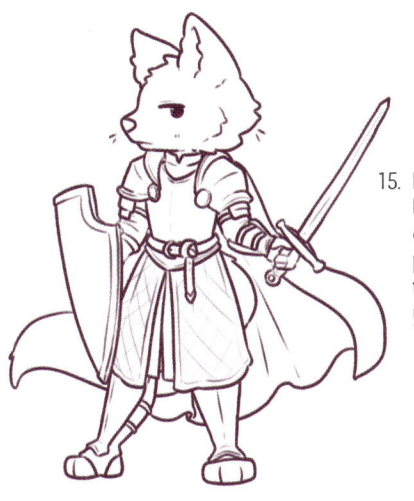

15. Haz el dibujo final sobre el boceto y, después, borra el lápiz con suavidad. Añade unos trazos para indicar que el personaje tiene las mejillas sonrosadas y reflejos en los ojos.

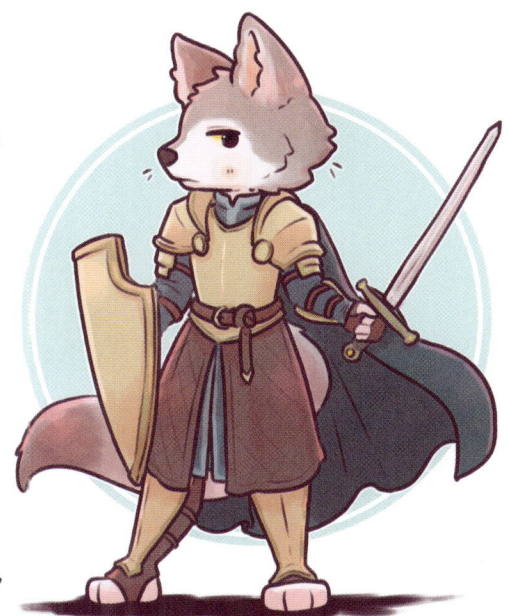

16. Ahora colorea la ilustración. He elegido un tono gris con manchas blancas para el pelaje, verde azulado oscuro para la capa y el jubón, y dorado para la armadura. Después, he utilizado marrón para pintar las correas, el cinturón y el protector acolchado.

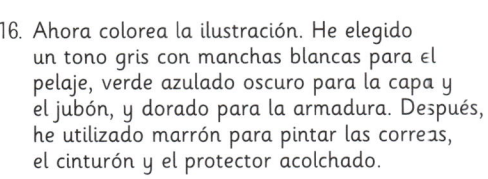

HECHICERO

Se rumorea que este cuervo fue en su día la mascota de un nigromante y que, después de estar tanto tiempo en contacto con la magia, se volvió inteligente y adquirió sus propios poderes mágicos. Ahora recorre el mundo con unos inquietantes compañeros espirituales.

1. Para hacer la cabeza, dibuja un círculo con un pico triangular curvo a la izquierda. Donde la parte superior del pico se une a la cabeza, añade una guía.

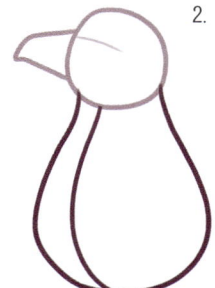

2. Debajo de la cabeza, dibuja un cuerpo grande en forma de huevo y añade una guía curva en el centro.

3. En la parte inferior del cuerpo, crea su muslo izquierdo con un círculo y el derecho con un círculo parcial. Debajo, traza dos «U» alargadas.

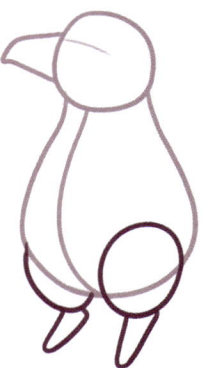

4. Dibuja la forma de las patas, con tres garras delanteras y una trasera. A la derecha del dibujo, añade una larga cola triangular con una línea en el centro.

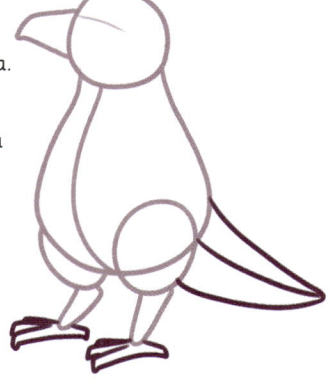

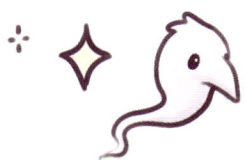

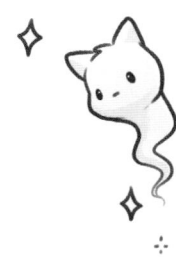

5. Dibuja su ala derecha curvada y con el «pulgar» hacia arriba, acabado en punta. Haz los otros «dedos» sujetando una línea recta con un círculo en lo alto.

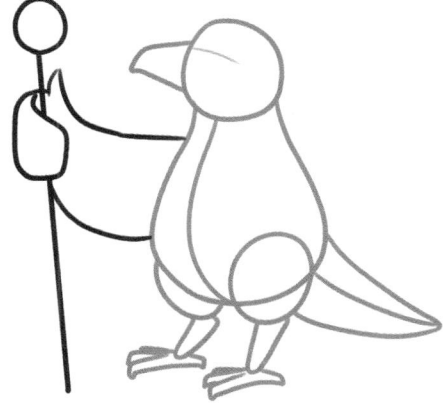

6. En su hombro izquierdo, añade la otra ala dentro de la forma del cuerpo trazando la parte superior con un arco y la inferior con un círculo. Dibuja la «mano» con el puño cerrado en forma de rectángulo.

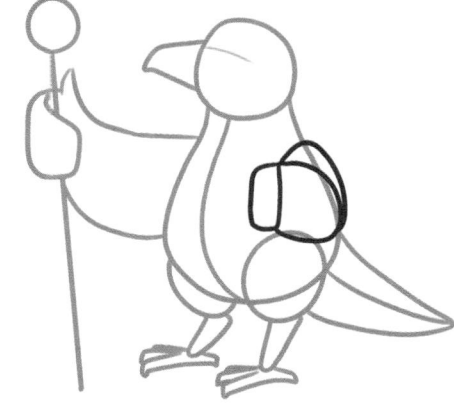

7. Encima de la cola, esboza una mochila con un cilindro en la parte superior. Añade un cráneo de pájaro en la solapa haciendo un círculo y un triángulo.

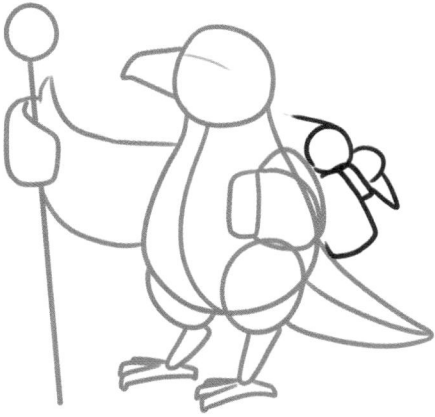

8. Por encima del cuervo, esboza una cabeza de pájaro y una cabeza de gato.

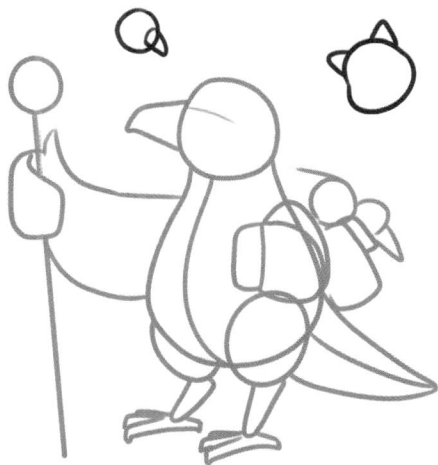

HECHICERO

(continuación)

9. Dibuja una capucha con una borla colgando de la punta y un broche en forma de ojo en el cuello. Haz un ojo circular relleno con una curva en la parte superior y la boca con una línea curva.

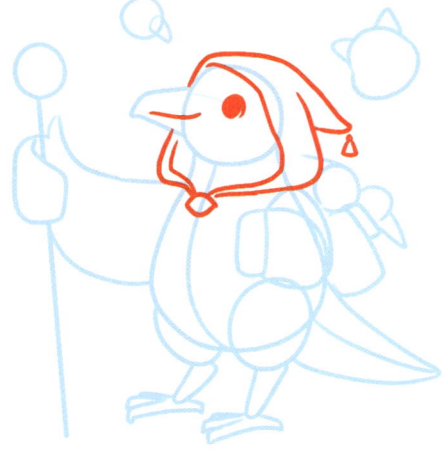

10. Define la cabeza y el pico, añade plumas en el pecho y encima del pico. Dibuja las alas haciendo plumas a lo largo de la parte inferior y en el centro.

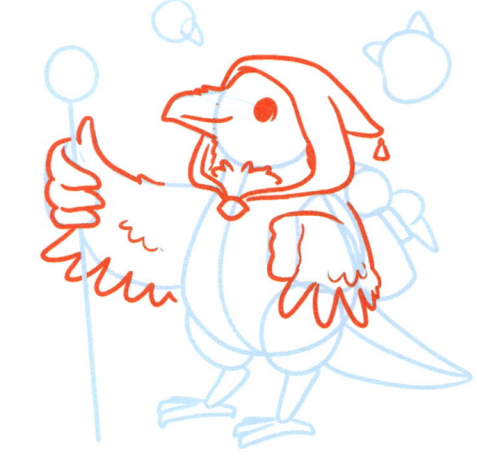

11. Añade las correas de la mochila alrededor de los hombros y, después, haz los detalles de la mochila, como una espiral en el cilindro para crear una manta y una cuenca ocular en el cráneo del pájaro.

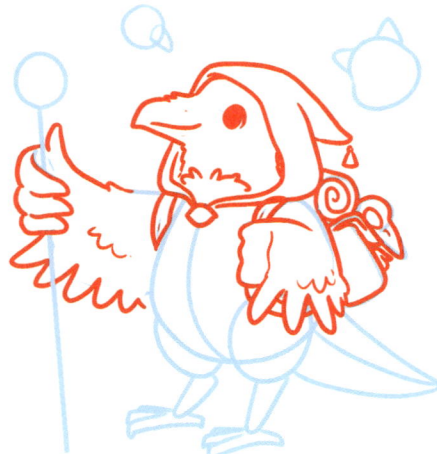

12. Dibuja la parte delantera de la capa con una división en el medio y el borde inferior hecho jirones.

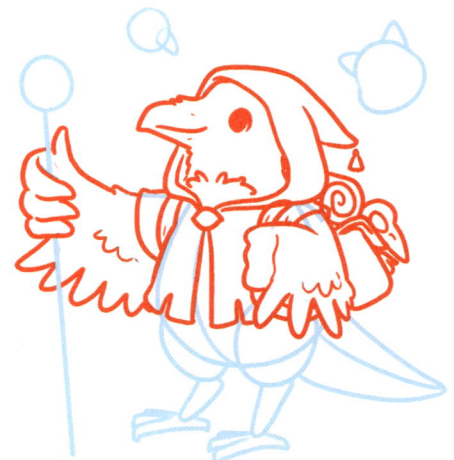

13. Debajo de la capa, añade la parte inferior de una camisa con broches en el centro. Dibuja la cola, la parte emplumada de las patas y, después, la parte inferior lisa y las garras.

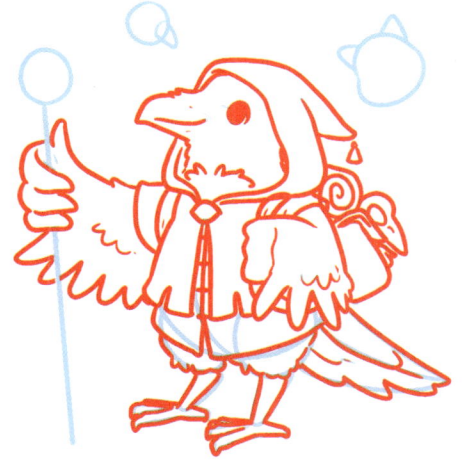

14. Haz los detalles del bastón, como tres garras que sujetan el orbe y el palo con el extremo puntiagudo. Dibuja las cabezas flotantes de pájaro y gato. Para que parezcan espíritus, hazles los cuerpos como volutas de humo.

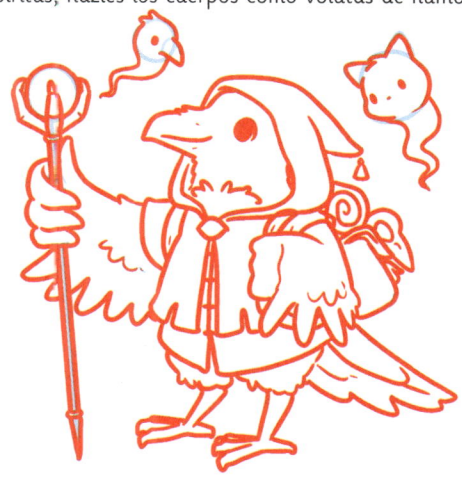

15. Haz el dibujo final sobre el boceto y, después, borra el lápiz con suavidad. Si quieres, puedes añadir unos trazos para indicar que el personaje tiene las mejillas sonrosadas, reflejos en los ojos y destellos a su alrededor.

16. Ahora colorea la ilustración. He dibujado el cuerpo como el de un cuervo negro común y he utilizado tonos verdes para la capucha, la camisa y el orbe del bastón. El broche es dorado y la manta amarilla. Los espíritus los he pintado de color blanco.

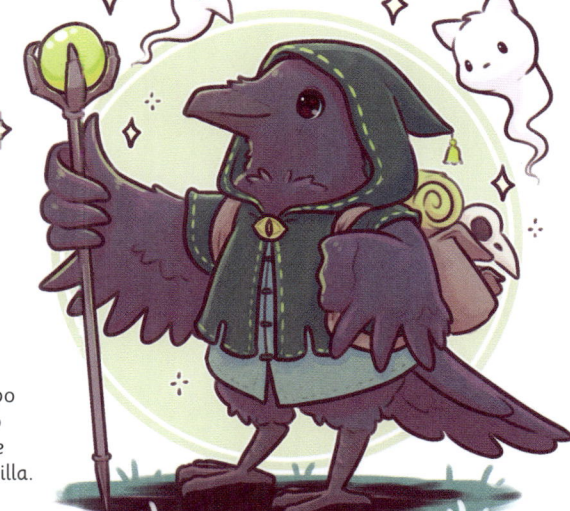

GUARDIÁN

Después de viajar por el mundo y participar en algunas batallas importantes, este león se autoproclamó guardián jefe de la Aldea Perdida. Tiene tendencia a dejarse llevar por el entusiasmo que siente por su trabajo, pero su intención siempre es velar por la seguridad de la aldea.

1. Dibuja una forma redonda para la cabeza con lados puntiagudos y añade una guía en forma de cruz para situar los rasgos faciales.

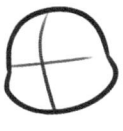

2. Traza el contorno de la cabeza, pero solo la parte de arriba y la del lado derecho. Haz dos pequeñas orejas curvas en la parte superior y luego una «V» debajo para crear la melena.

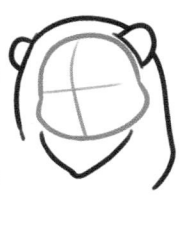

3. Dibuja la parte superior del cuerpo en forma de «W» redondeada y añade una guía curva y larga en el centro.

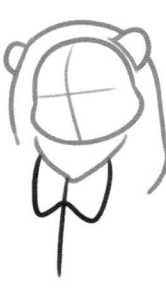

4. Para la parte inferior del cuerpo, dibuja un rectángulo. Después, añade un triángulo orientado hacia abajo con un triángulo vertical pequeño a cada lado para crear las caderas. Inclina ligeramente la parte inferior.

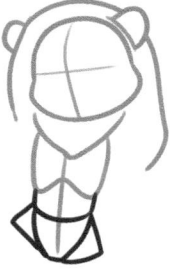

5. Debajo de las caderas, haz los muslos con dos «U» largas y finas. Forma la parte inferior de las piernas con dos «U» más puntiagudas. Después, crea los pies con dos rectángulos. Hazle su pata derecha flexionada y que ambas se mantengan en equilibrio sobre los dedos.

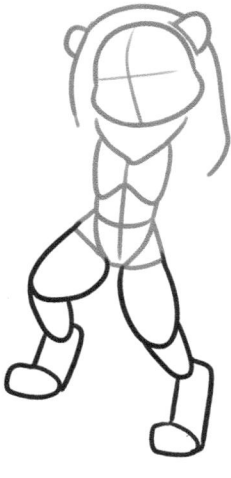

6. Traza unos círculos para hacer los hombros y crea los brazos con una «U» seguida de una lágrima. Inclina su brazo derecho hacia arriba y el otro hacia abajo para separarlos del cuerpo.

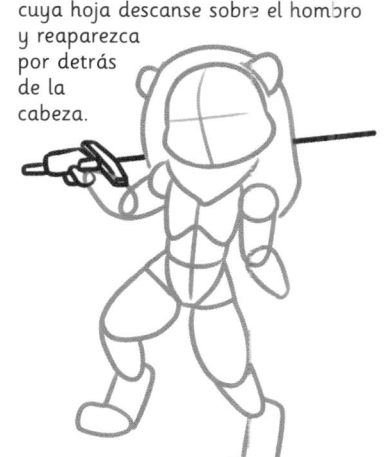

7. Hazle la mano derecha curvada alrededor de la guarda de una espada cuya hoja descanse sobre el hombro y reaparezca por detrás de la cabeza.

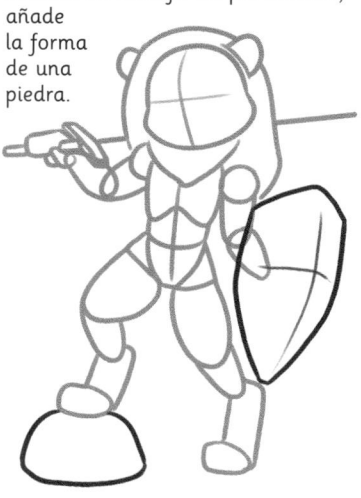

8. Dibuja un escudo delante de su brazo izquierdo con una guía en forma de cruz curva. Debajo del pie derecho, añade la forma de una piedra.

9. Crea los ojos con dos círculos rellenos y una línea curva encima. Dibuja un hocico redondeado con una nariz en forma de «V» y la boca abierta. Añade unos dientes puntiagudos y la lengua.

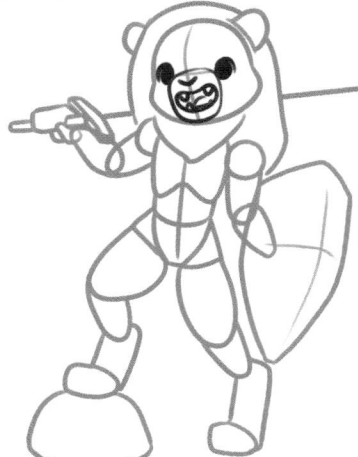

10. Dibuja la voluminosa melena alrededor de la cabeza y dos trenzas. Añade las orejas.

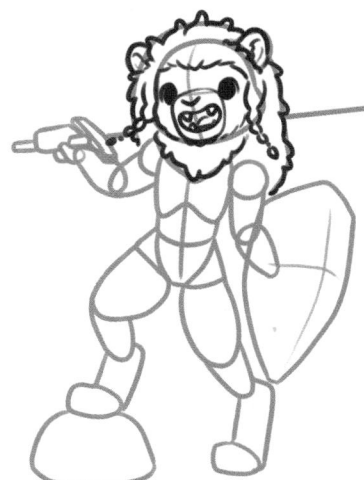

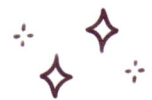

GUARDIÁN

(continuación)

11. Haz un cinturón anudado alrededor de la cintura, algo separado del cuerpo para luego añadir la armadura.

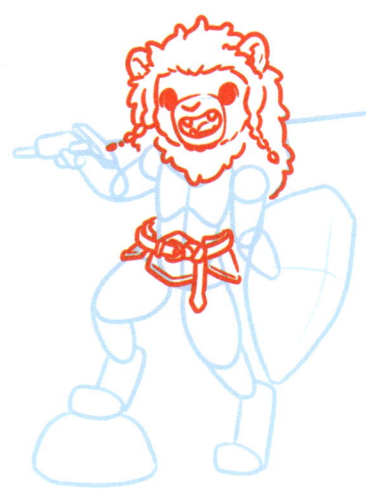

12. Dibuja tres piezas de la armadura debajo del cinturón, dos a los lados y una delante.

13. Añade las hombreras y la coraza.

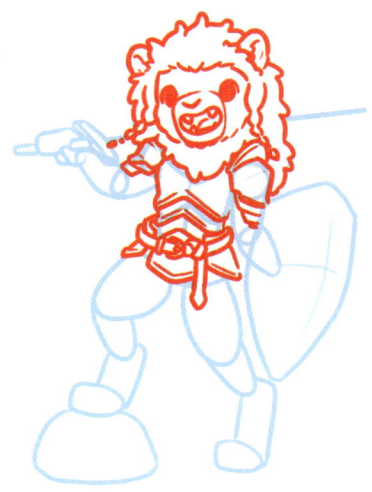

14. Dibuja una falda con un estampado cuadriculado y añade un trozo de tela que cuelgue entre las patas. Ponle unas rodilleras puntiagudas y añade las patas y los pies.

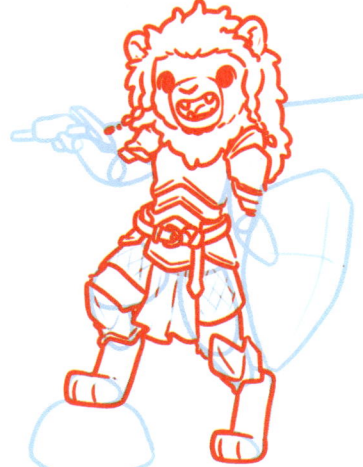

15. Traza el inicio de la cola debajo de la falda en el lado derecho del dibujo, haz que pase por detrás del cuerpo y acabe en el otro lado, con un mechón de pelo en la punta. Después, haz otro trozo de tela que cuelgue por detrás de las patas y la cola.

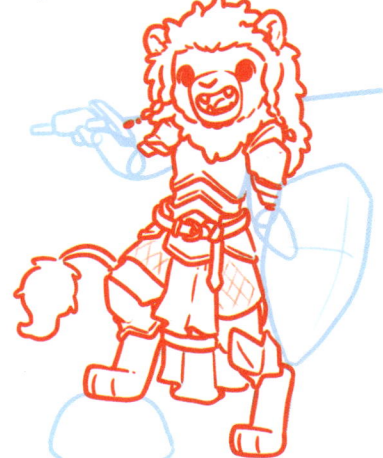

16. Dibuja las mangas y la armadura de las muñecas. Detalla su mano derecha y la espada, haciendo ambos extremos puntiagudos.

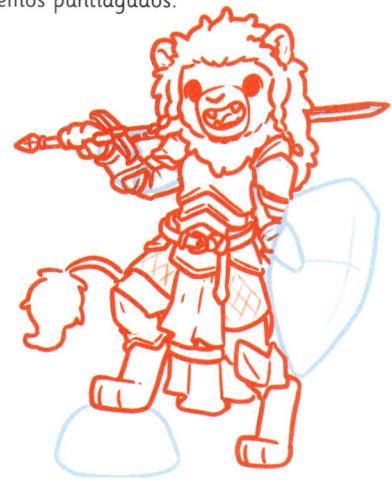

17. Haz el escudo y sus detalles, como un borde, unos arañazos y algunas flechas clavadas. Dibuja la piedra.

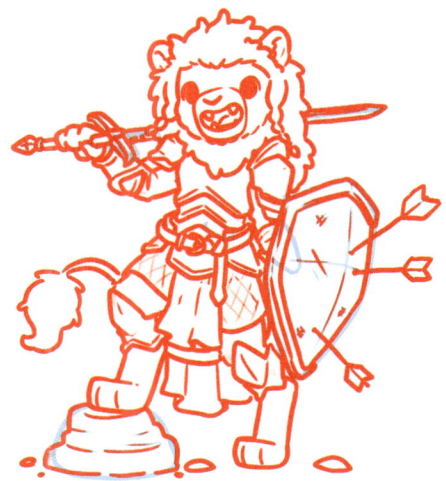

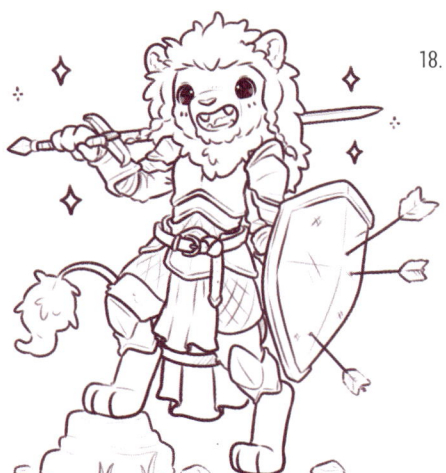

18. Haz el dibujo final sobre el boceto y, después, borra el lápiz con suavidad. Si quieres, puedes añadir unos trazos para indicar que el personaje tiene las mejillas sonrosadas, reflejos en los ojos y destellos a su alrededor.

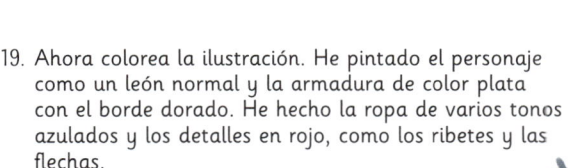

19. Ahora colorea la ilustración. He pintado el personaje como un león normal y la armadura de color plata con el borde dorado. He hecho la ropa de varios tonos azulados y los detalles en rojo, como los ribetes y las flechas.

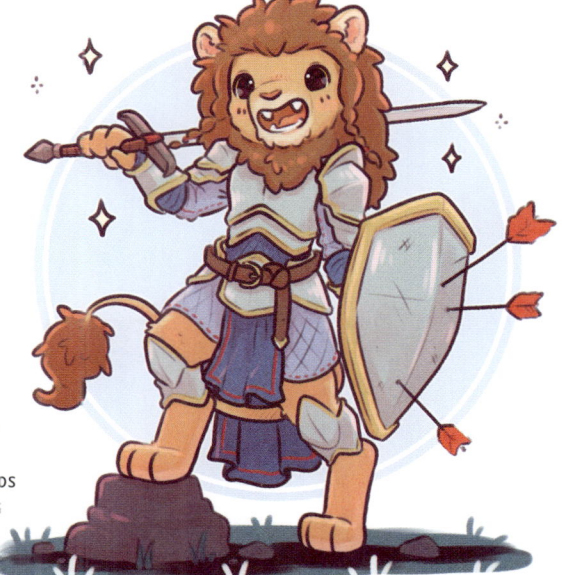

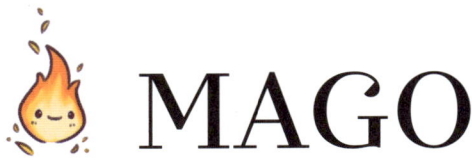 # MAGO

El mayor talento de este mago dragón se basa en la piromancia (la magia del fuego). Sin embargo, desea distanciarse del carácter violento de sus antepasados de cuatro patas y ha dedicado su vida a dominar las artes arcanas para convertirse en un gran erudito.

1. Dibuja una forma redonda para la cabeza y añade una guía en forma de cruz. En la mitad inferior, crea el hocico con un rectángulo redondeado.

2. Encima de la cabeza, dibuja dos pares de cuernos: un par con triángulos estrechos y el otro con triángulos largos y ondulados. Haz el cuello con una «U».

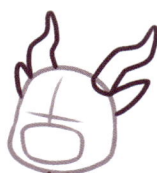

3. Traza el cuerpo en forma de huevo alargado. Añade una guía en forma de «W» para crear la parte superior del torso, una guía curva en las caderas y una guía vertical curva en el centro.

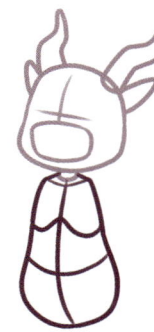

4. Crea los muslos con óvalos, el derecho parcialmente oculto detrás del cuerpo. Después, haz los pies con un rectángulo largo y uno más pequeño con las líneas de los dedos.

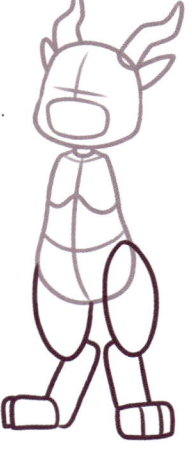

5. Traza unos círculos para hacer los hombros y crea los brazos con una «U» seguida de una lágrima. Inclina su brazo derecho hacia arriba y el otro hacia abajo para separarlos del cuerpo.

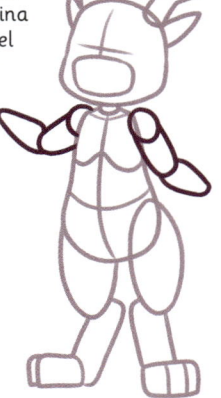

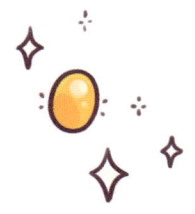

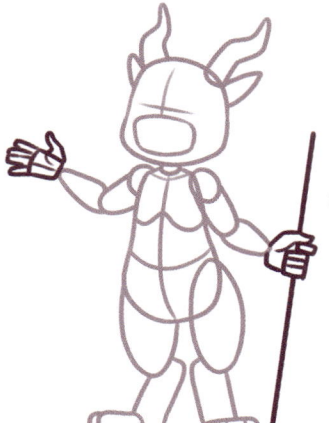

6. Dibuja las manos. Haz la izquierda sujetando una línea recta larga, y la derecha con la palma hacia arriba.

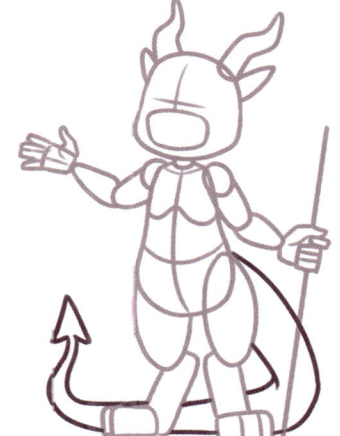

7. Dibuja el inicio de la cola en la parte superior de su muslo derecho. Haz que vaya hacia abajo, pase por detrás del cuerpo y acabe en el otro lado, con el extremo en forma de punta de flecha apuntando hacia arriba.

8. Haz que las alas salgan de encima de los hombros. Dibújalas en forma de «Z» estirada y añade una línea que descienda desde el punto superior.

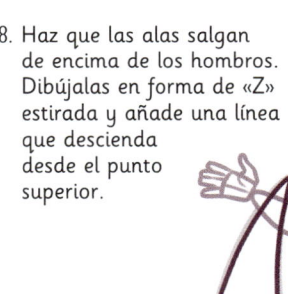

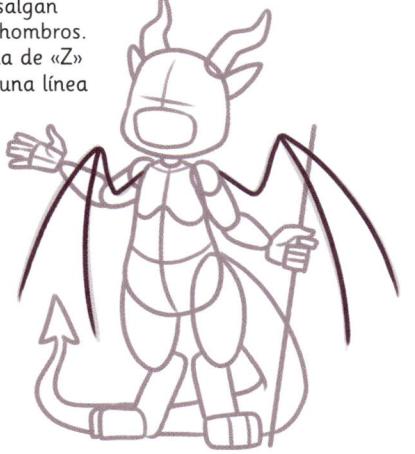

9. Traza el contorno de la cabeza y los cuernos. Añade protuberancias alrededor de la cabeza y dos anillos cerca de la punta de los cuernos más largos.

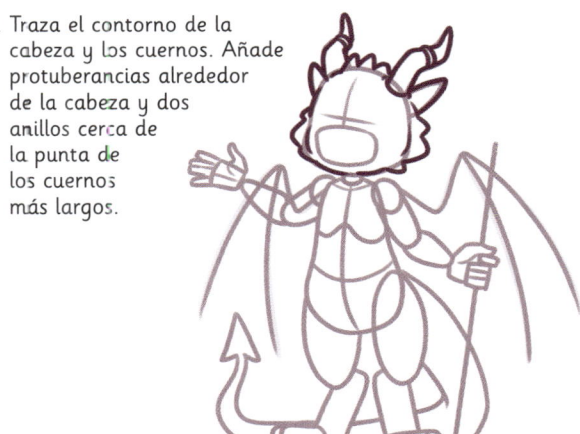

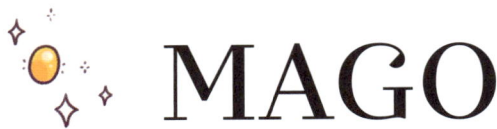

MAGO

(continuación)

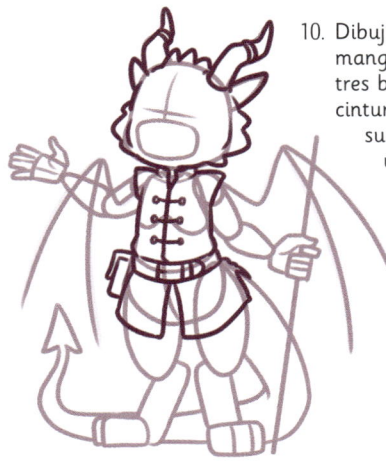

10. Dibuja una túnica sin mangas, con cuello y con tres broches. Añade un cinturón y una bolsita en su cadera derecha. Haz una abertura en la parte inferior de la túnica y en el inicio de la cola.

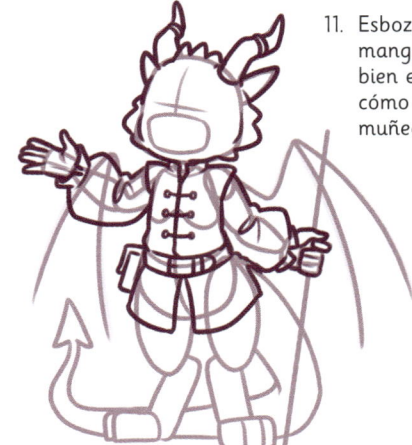

11. Esboza las manos y unas mangas onduladas. Fíjate bien en las arrugas y en cómo se ajustan a las muñecas.

12. En su mano derecha, dibuja el bastón. En lo alto hazle una medialuna alargada con un óvalo flotando dentro de su parte cóncava. En la otra mano, dibuja una llama flotando con una carita sonriente.

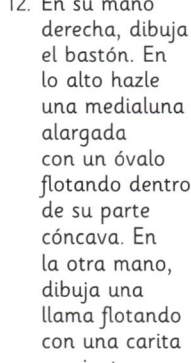
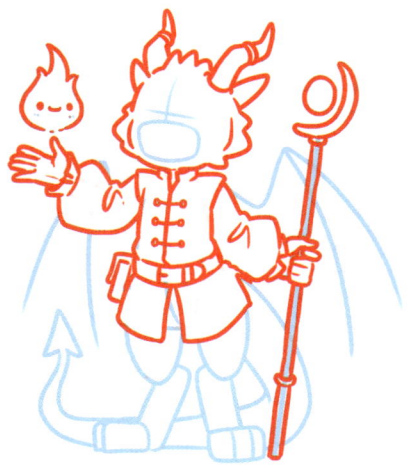

13. Dibuja las patas y la cola. Define las garras de las patas y añade un pequeño borde dentado a lo largo de la parte superior de la cola.

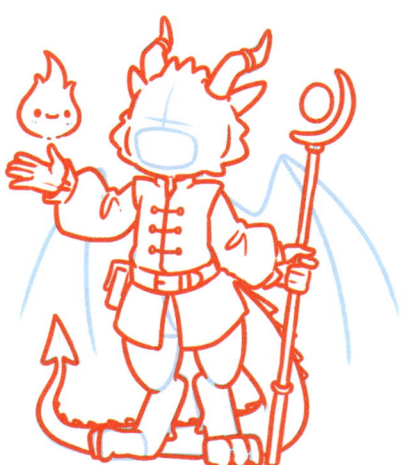

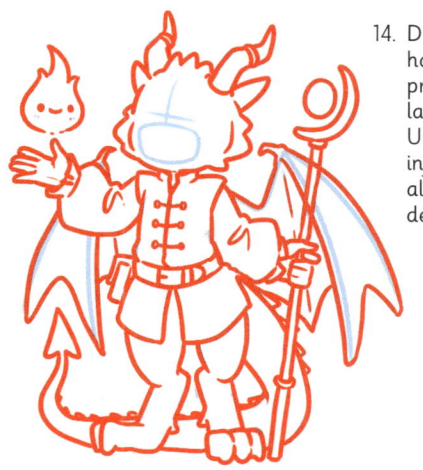

14. Dibuja las alas haciéndoles una protuberancia en la punta superior. Une las puntas inferiores de cada ala con una «V» del revés.

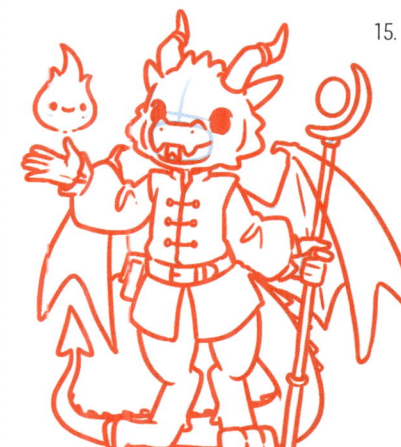

15. Siguiendo la guía del hocico, añade dos protuberancias en la parte superior para crear las fosas nasales y dos colmillos en forma de «V» en el centro. Crea los ojos con dos círculos rellenos y una curva alrededor de la parte superior. Después, haz dos puntos para las fosas nasales y una lengua bífida.

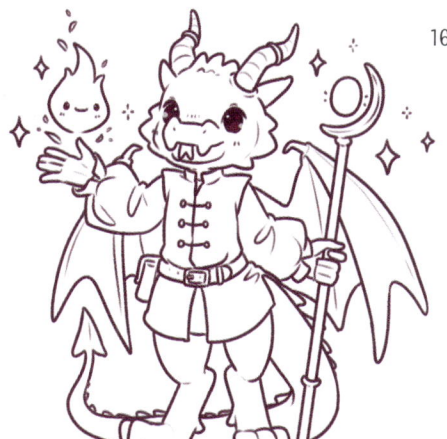

16. Haz el dibujo final sobre el boceto y, después, borra el lápiz con suavidad. Si quieres, puedes añadir reflejos blancos y rojos a los ojos y algunos destellos alrededor del personaje. ¡No te olvides de poner chispas alrededor de la llama!

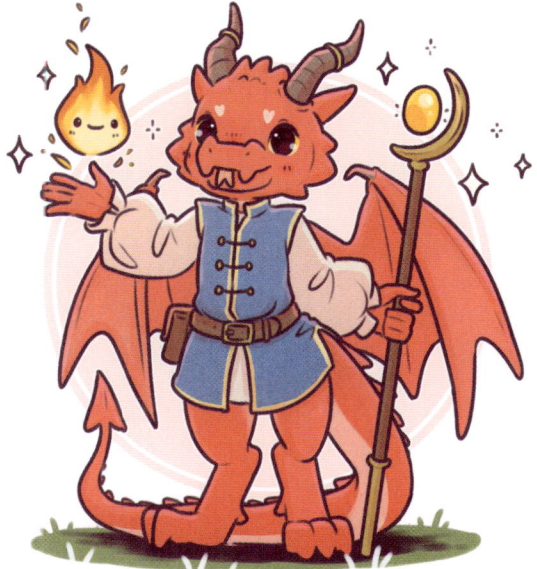

17. Pinta la ilustración a tu gusto. Yo he decidido pintar las escamas rojas y los cuernos marrones. He hecho la túnica azul, la camisa de un tono rosa pálido y los accesorios marrones. A continuación, he añadido toques de naranja en la llama y la gema del bastón para representar la magia que emana del fuego. Para hacer los detallitos de este mago dragón, he utilizado el rosa pálido.

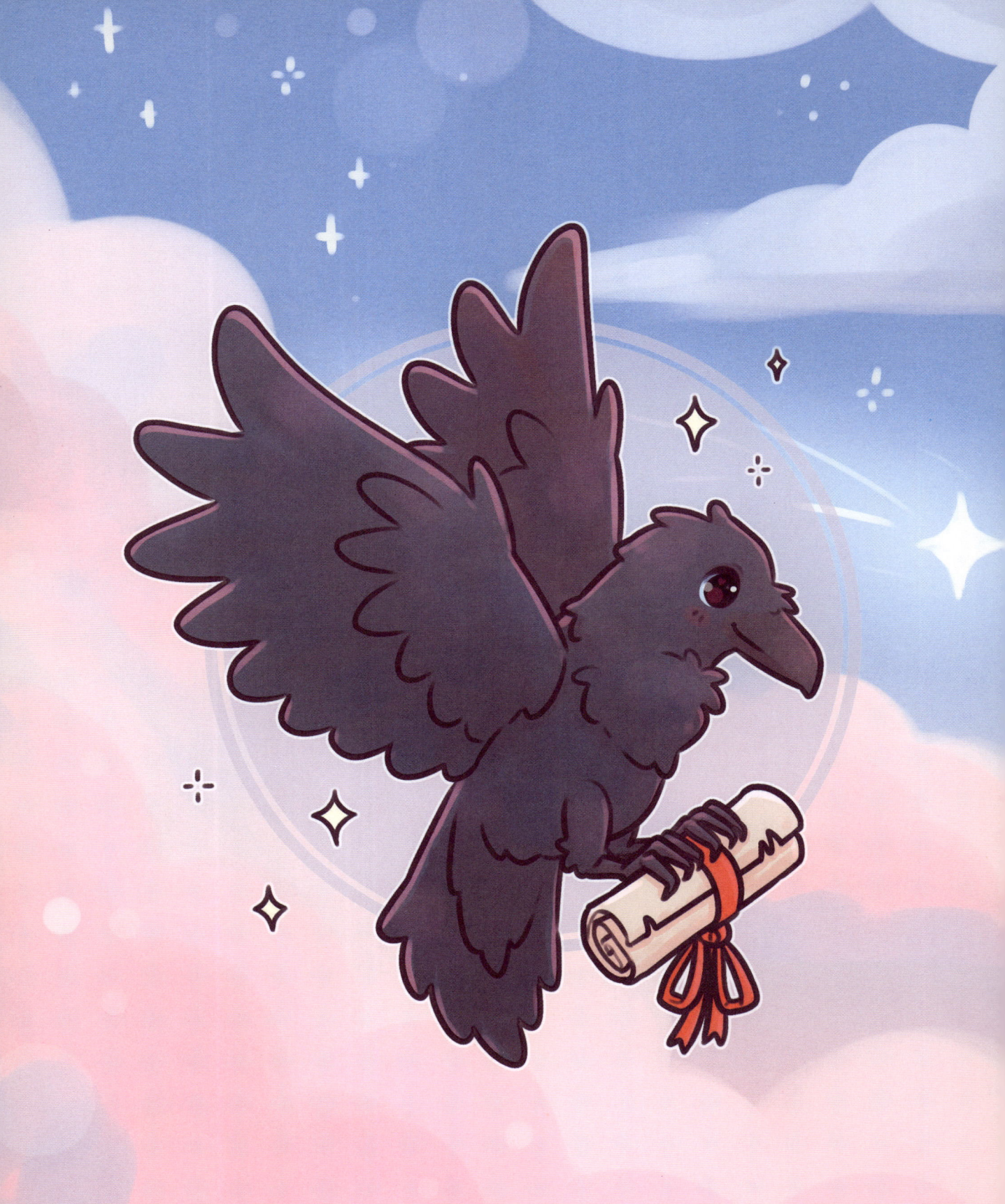

MASCOTAS PARA TUS PERSONAJES

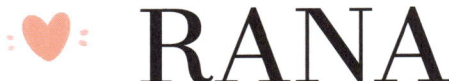

RANA

A veces, un aventurero solo necesita un amigo por pequeño que sea. Si tu personaje quiere un compañero saltarín y entusiasta, ¡esta ranita es la candidata perfecta!

1. Dibuja la cabeza con un óvalo y los ojos con dos curvas encima de la cabeza. Después, añade una guía en el centro de la cabeza.

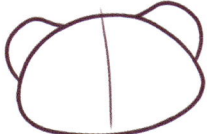

2. Debajo de la cabeza, añade el cuerpo en forma de «U» y alarga la guía de manera que pase por el centro.

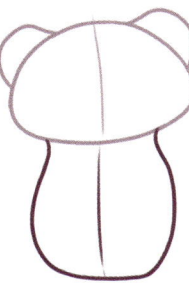

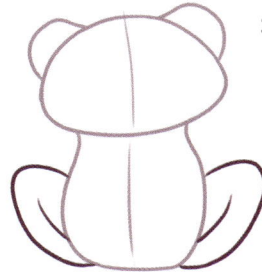

3. En la parte inferior del cuerpo, traza dos óvalos inclinados hacia afuera para crear las patas. Traza una línea curva en el interior de cada una para separar la parte superior de la inferior.

4. Dentro de la forma del cuerpo, haz dos óvalos para crear los brazos. Dibuja las manos en forma de triángulos.

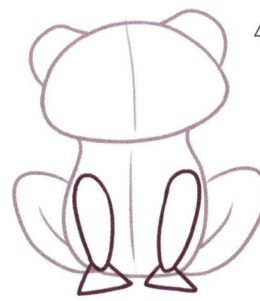

5. En la parte inferior de las patas, añade semicírculos para crear los pies.

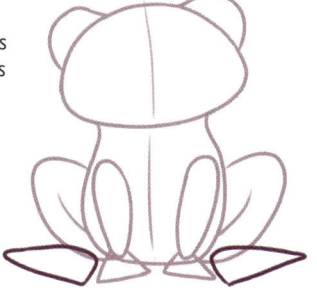

6. Traza tres círculos pequeños en cada mano y en cada pie.

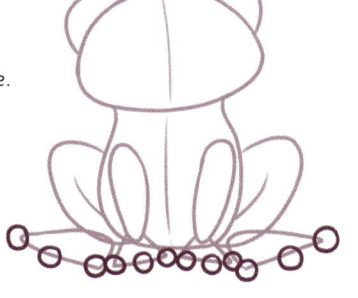

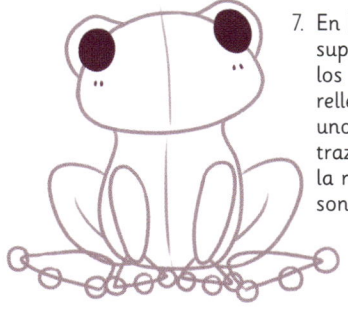

7. En las curvas de la parte superior de la cabeza, haz los ojos con dos círculos rellenos. Debajo de cada uno, añade dos pequeños trazos para indicar que la rana tiene las mejillas sonrosadas.

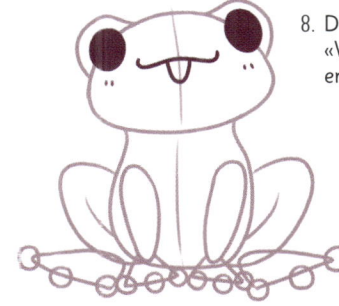

8. Dibuja la boca con una «W» plana y la lengua en forma de «U».

9. Dibuja el cuerpo siguiendo las guías. Fíjate bien en las zonas en las que se superponen líneas.

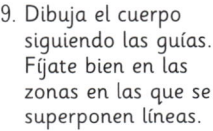

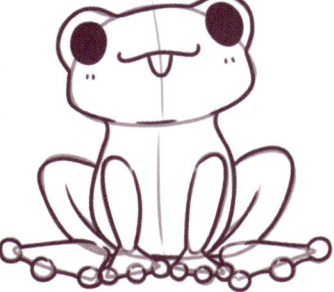

10. Haz el dibujo final sobre el boceto y, después, borra el lápiz con suavidad. Añade unos trazos en la frente y reflejos rojos y blancos en los ojos.

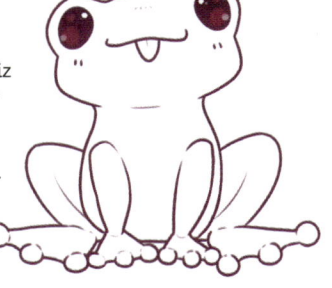

11. Para pintar la ilustración, he elegido un verde clásico como color principal, un tono crema para el abdomen y rosa para los detalles, como la lengua, las mejillas y el sombreado.

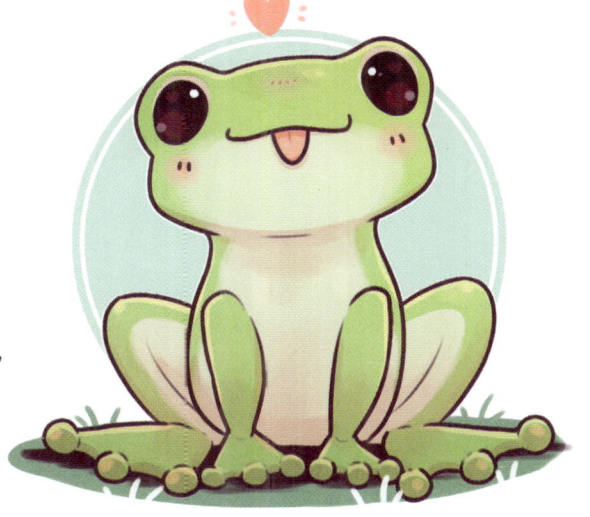

SERPIENTE

Si tu personaje prefiere tener un compañero de la familia de los reptiles, una serpiente disfrutará viajando enrollada alrededor de sus hombros o brazos.

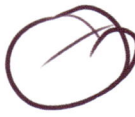

1. Dibuja la cabeza con un óvalo. En el lado derecho, crea el hocico con una línea curva. Haz una guía en forma de cruz centrada sobre el hocico para situar los rasgos faciales.

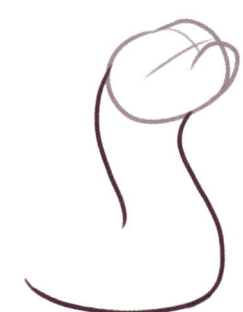

2. Traza dos líneas curvas paralelas que desciendan desde la parte superior e inferior de la cabeza. Haz que la línea de la derecha se curve hacia la izquierda para formar la parte inferior del cuerpo.

3. Alarga la línea inferior hacia arriba y luego hacia la derecha. Añade una pequeña curva en forma de «U» al final de la línea de la izquierda.

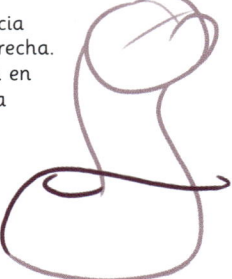

4. En el lado de la derecha, traza una «C» del revés.

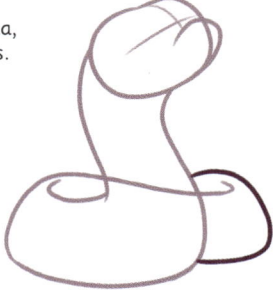

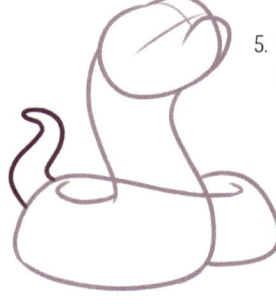

5. En el otro lado, añade la punta ondulada de la cola.

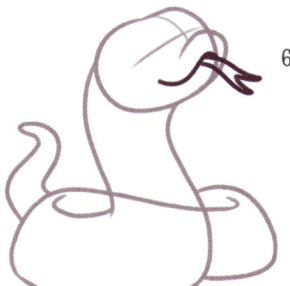

6. Crea la boca con una «W» parcial redondeada y luego añade la lengua bífida.

7. Los ojos son dos círculos rellenos con una línea curva alrededor de la parte superior, pero ten en cuenta que del izquierdo solo se ve una pequeña parte. Añade unas rayitas en las mejillas y encima del hocico.

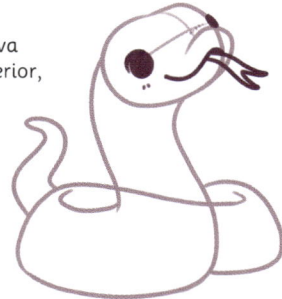

8. Dibuja la cabeza con una pequeña hendidura en la parte superior.

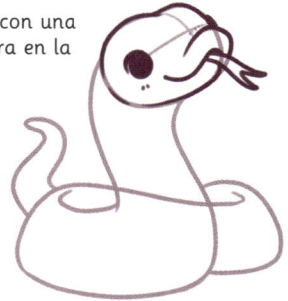

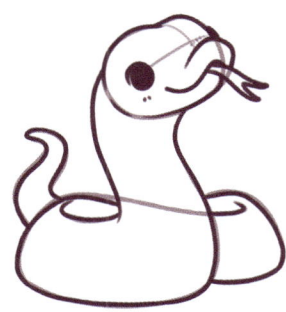

9. Dibuja el cuerpo. Fíjate en dónde se superponen las líneas.

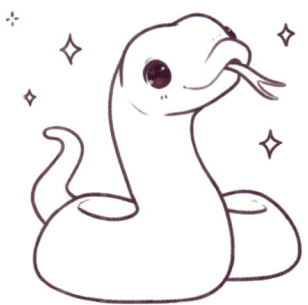

10. Haz el dibujo final sobre el boceto y, después, borra el lápiz con suavidad. Si quieres, puedes añadir unos reflejos y corazones en los ojos y destellos alrededor del personaje.

11. ¡Es hora de colorear la ilustración! He elegido pintar la serpiente de tonos verdes con manchas un poco más oscuras, pero hay una infinidad de especies, e incluso puedes inventarte la tuya propia. ¡Espero que te diviertas pintándola!

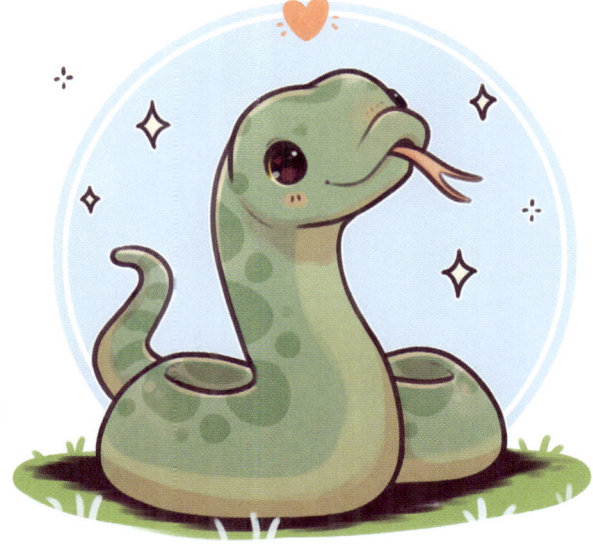

GATO

Como mascota mágica clásica, no hay nada mejor que un gato. Además de ayudar con los hechizos, son muy peluditos y adorables.

1. Dibuja una forma redonda con lados puntiagudos para la cabeza y añade una guía en forma de cruz para situar los rasgos faciales.

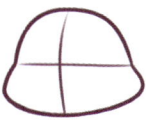

2. Encima de la cabeza, haz dos orejas triangulares con una línea central para crear el interior.

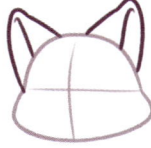

3. Debajo de la cabeza, añade dos «V» redondeadas para formar el cuello y el pecho, y divídelas por el centro con una guía curva.

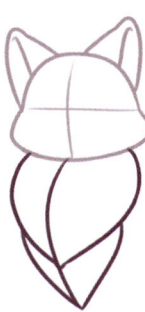

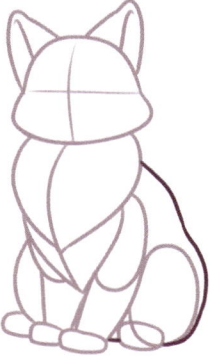

4. En los lados de la «V» inferior, traza los hombros en forma de óvalo, haciendo el derecho parcialmente oculto por el cuerpo. Añade dos líneas debajo de cada óvalo y, después, una patita rectangular.

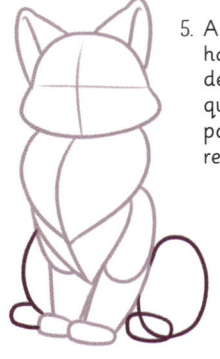

5. A los lados de las patas delanteras, haz las patas traseras con óvalos de manera que su pata derecha quede parcialmente oculta. Crea las patitas añadiendo dos rectángulos redondeados.

6. En el lado derecho del dibujo, traza una línea que comience en el cuello y se curve hasta llegar debajo de su pata izquierda.

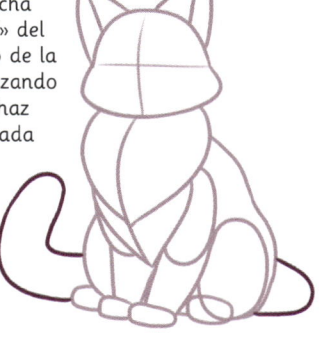

7. En la parte inferior derecha del dibujo, traza una «C» del revés para crear el inicio de la cola. Al otro lado, empezando desde su pata derecha, haz la punta de la cola doblada hacia arriba en forma de «L».

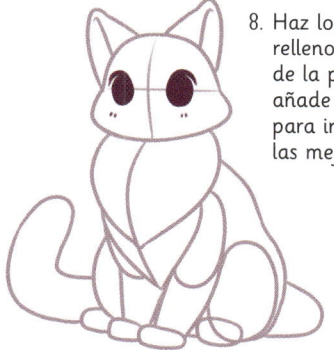

8. Haz los ojos con dos círculos rellenos y una curva alrededor de la parte superior. Después, añade dos pequeños trazos para indicar que el gato tiene las mejillas sonrosadas.

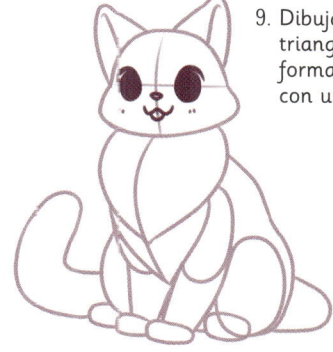

9. Dibuja una pequeña nariz triangular y una boca en forma de «W». Haz la lengua con una «U».

10. Traza los bigotes a los lados de la cara y una línea justo encima de la nariz. Si quieres darle un toque más mágico, dibújale una estrellita de cuatro puntas en la frente.

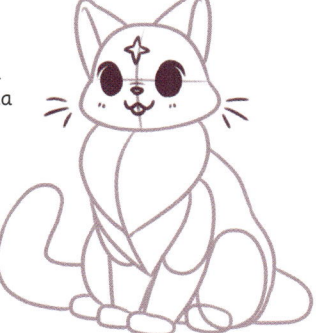

11. Define el cuerpo añadiendo el pelaje y las líneas de los dedos.

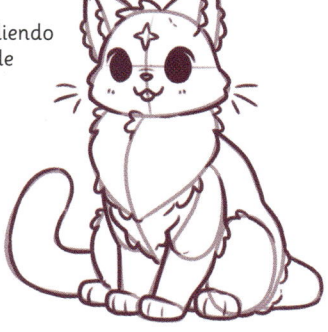

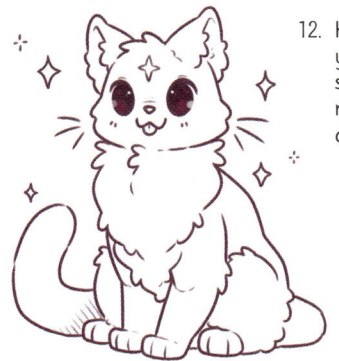

12. Haz el dibujo final sobre el boceto y, después, borra el lápiz con suavidad. Si quieres, puedes añadir reflejos y corazones en los ojos y destellos alrededor del personaje.

13. ¡Pinta la ilustración! He optado por hacer el clásico gato negro para que evoque a los de las brujas. Le he dado un toque de azul en los ojos, he pintado el interior de las orejas y la lengua de color rosa y las estrellas de amarillo.

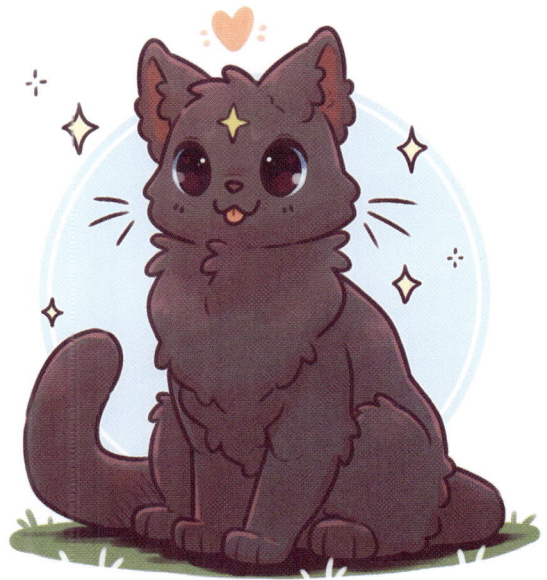

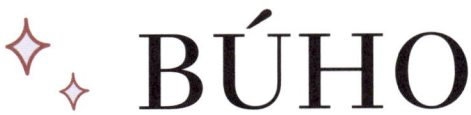 # BÚHO

¿Tu personaje fantástico se caracteriza por su sabiduría e inteligencia? Si es así, un búho es la mascota perfecta para él. Colócaselo en el hombro o en la punta del bastón para que pueda susurrarle información al oído.

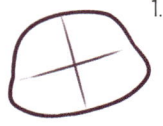 1. Dibuja una forma ovalada con lados puntiagudos para la cabeza y añade una guía en forma de cruz para situar los rasgos faciales.

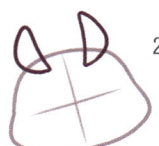 2. Encima de la cabeza, hazle dos semicírculos para crear las plumas alzadas.

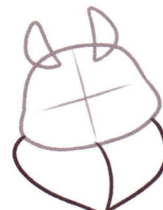 3. Debajo de la cabeza, traza el pecho con una «V» redondeada y divídelo por el centro con una guía curva.

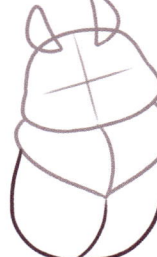 4. Añade una «U» grande para crear el cuerpo y alarga la guía del centro.

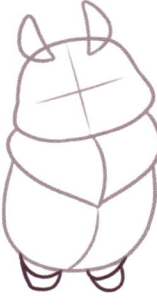 5. Debajo del cuerpo, haz la parte superior de las patas con dos pequeñas «U» y luego añade la inferior trazando otras dos «U».

6. Dibuja dos óvalos pequeños en cada pata para crear los dedos delanteros y, después, un rectángulo alargado que pase por debajo de los dedos para hacer la percha. Por detrás de la percha, añade un tercer dedo en cada pata.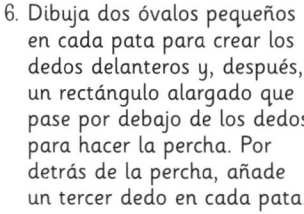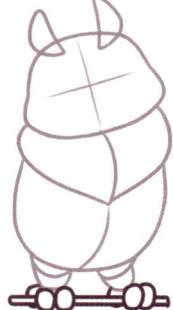

7. Detrás de su pata derecha, dibuja la cola en forma de triángulo redondeado. A los lados del cuerpo, añade las alas con una línea curva.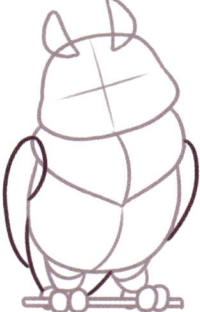

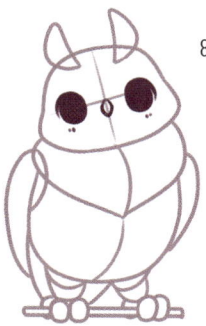

8. Haz los ojos con dos círculos rellenos y una curva alrededor de la parte superior. Después, dibuja un pico en forma de rombo y pequeños trazos para indicar que el búho tiene las mejillas sonrosadas.

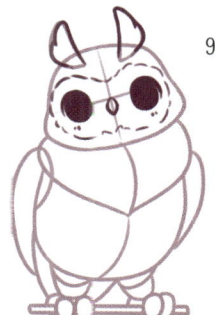

9. Añade una línea discontinua en el rostro a modo de máscara. Detalla las plumas de encima de la cabeza.

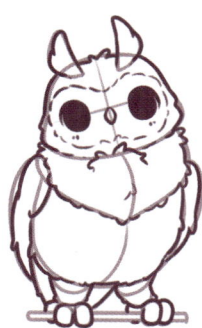

10. Dibuja el resto de la cabeza y el cuerpo, detallando el plumaje y las plumas de las alas.

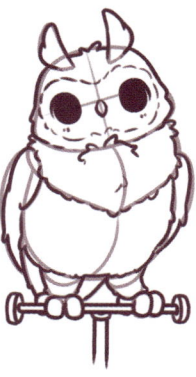

11. Añade los detalles de la percha, como los topes de los extremos y el soporte de debajo.

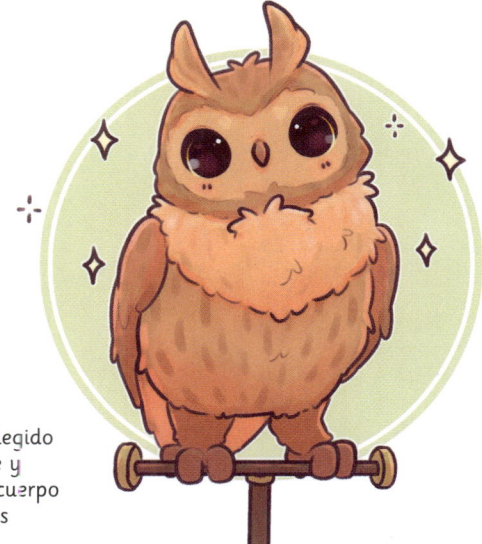

12. Haz el dibujo final sobre el boceto y, después, borra el lápiz con suavidad. Si quieres, puedes añadir unos reflejos y corazones en los ojos y destellos alrededor del personaje.

13. ¡Ahora pinta la ilustración! Yo he elegido un sencillo color marrón como base y le he hecho manchitas por todo el cuerpo en un tono más oscuro, pero puedes pintar tu búho como más te guste.

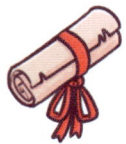

CUERVO

Este cuervo es el compañero perfecto para un personaje fantástico que necesite enviar mensajes a casa durante su ausencia. ¡Es un experto en llevar notas por todo el país!

1. Dibuja la cabeza con un círculo. Añade un pico puntiagudo a la derecha. Después, traza una guía cerca del punto de unión entre la parte superior del pico y la cabeza.

2. Para hacer el pecho, haz una «V» redondeada debajo de la cabeza. A continuación, añade el cuerpo con una línea curva.

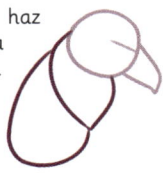

3. Al final del cuerpo, dibuja la cola en forma de cometa y añade un triángulo en su interior.

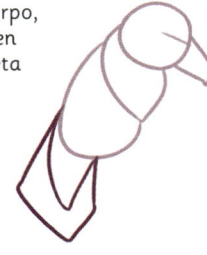

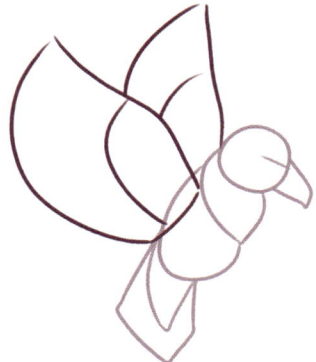

4. Esboza la forma de las alas extendidas con dos óvalos puntiagudos. Traza una curva en la esquina inferior derecha de ambas alas.

5. A la derecha del dibujo, dibuja un cilindro haciendo un rectángulo redondeado con un círculo en el extremo.

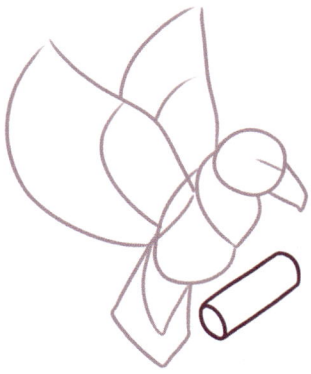

6. En la parte inferior del cuerpo, haz la parte superior de la pata con un óvalo y la inferior en forma de «V». Para crear la otra pata, traza una pequeña «U» con una línea que apunte hacia la derecha.

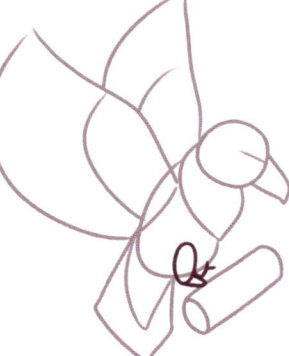

7. Esboza los largos dedos alrededor del cilindro haciendo tres rectángulos en cada pie.

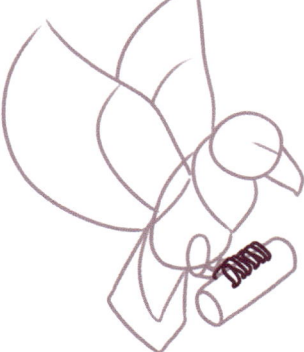

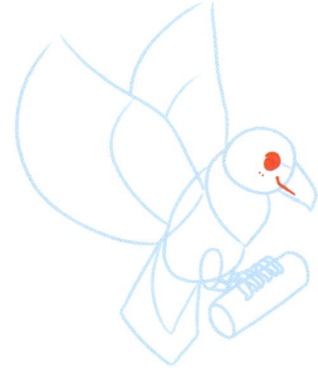

8. Dibuja el ojo con un círculo relleno y una línea curva alrededor de la parte superior. Haz una línea curva en la parte inferior del pico y unos pequeños trazos para indicar que el cuervo tiene las mejillas sonrosadas.

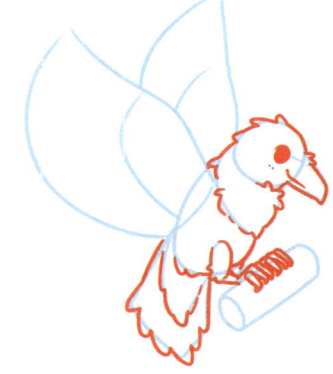

9. Define la cabeza, el cuerpo, las patas y la cola. Añade un poco de plumaje en los contornos, pero mantén la parte inferior de las patas y los pies lisos.

10. Dibuja las alas detallando el contorno de las plumas a lo largo de la parte central e inferior.

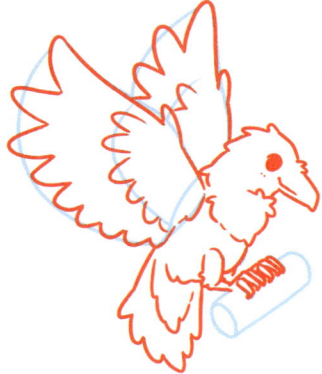

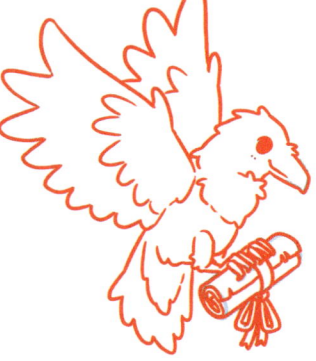

11. Convierte el cilindro en un pergamino enrollado. Añade una cinta atada en el centro con un lazo en la parte inferior. Hazle un borde deteriorado y una espiral en el extremo.

12. Haz el dibujo final sobre el boceto y, después, borra el lápiz con suavidad. Si quieres, puedes añadir unos reflejos y corazones en los ojos y destellos alrededor del personaje.

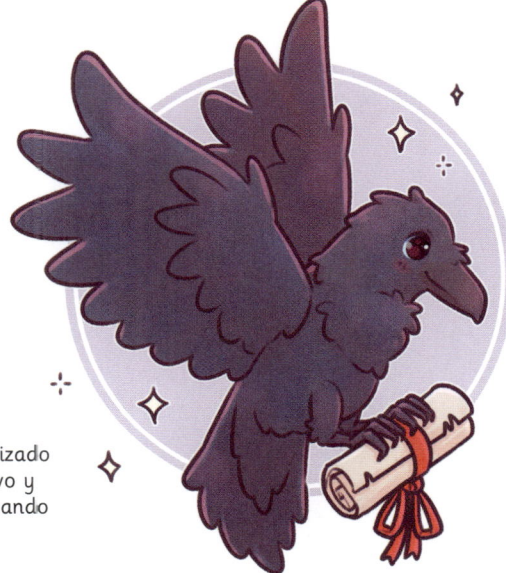

13. Ahora pinta la ilustración. He utilizado un tono negro rojizo para el cuervo y le he dado un toque de color pintando de rojo la cinta del pergamino.

ZORRO

Cualquier aventurero querría que este adorable zorro fuera su compañero de viaje. Estos animales son muy buenos espiando y obteniendo pruebas.

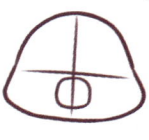

1. Dibuja una forma redonda con lados puntiagudos para la cabeza y añade una guía en forma de cruz para situar los rasgos faciales. En el centro de la cara, traza el hocico en forma de cuadrado redondeado.

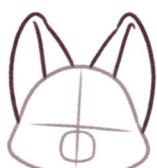

2. Encima de la cabeza, dibuja dos grandes orejas triangulares con una línea curva en su interior.

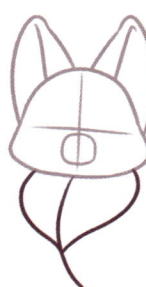

3. Añade un cuello redondeado en forma de «V» con una guía curva en el centro.

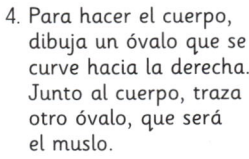

4. Para hacer el cuerpo, dibuja un óvalo que se curve hacia la derecha. Junto al cuerpo, traza otro óvalo, que será el muslo.

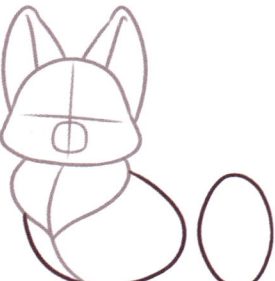

5. Une los dos óvalos por arriba y por abajo con líneas curvas. En la línea inferior, añade una «U» para crear el otro muslo.

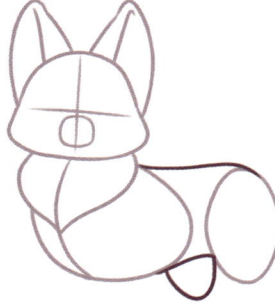

6. Debajo del cuello, crea su hombro izquierdo con un óvalo y el derecho con una línea curva. A continuación, añade las dos patas en forma de «U».

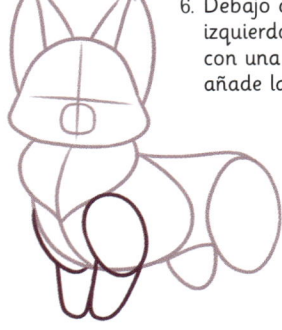

7. Un poco más abajo de las «U», traza dos pequeños rectángulos redondeados para crear las patitas y únelas con líneas.

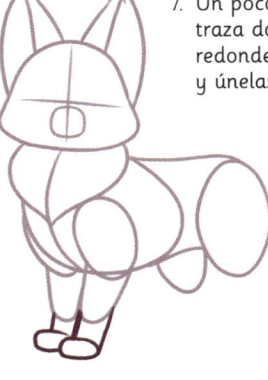

8. Debajo de cada muslo, haz una «U» inclinada hacia la derecha y, después, añade las patas haciendo un rectángulo alargado y curvado seguido de un rectángulo redondeado.

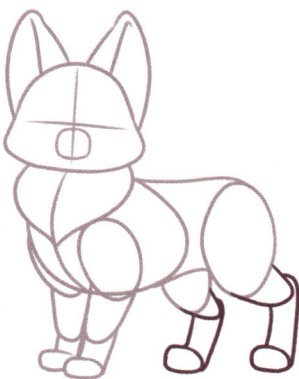

9. Haz que la cola empiece en la parte superior de su muslo izquierdo y descienda hacia la izquierda pasando por detrás de las patas.

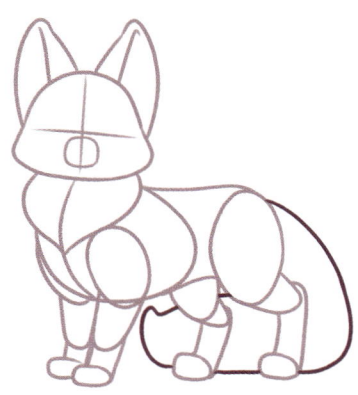

10. Crea los ojos con dos círculos rellenos y una curva alrededor de la parte superior. Haz una rayita curva encima de los ojos y unos pequeños trazos en las mejillas para indicar que las tiene sonrosadas. Dibuja la nariz, la boca en forma de «W» y los bigotes.

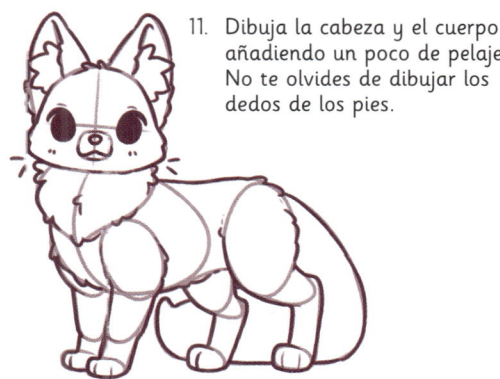

11. Dibuja la cabeza y el cuerpo añadiendo un poco de pelaje. No te olvides de dibujar los dedos de los pies.

12. Haz el dibujo final sobre el boceto y, después, borra el lápiz con suavidad. Si quieres, puedes añadir reflejos en los ojos y un corazón al lado del personaje.

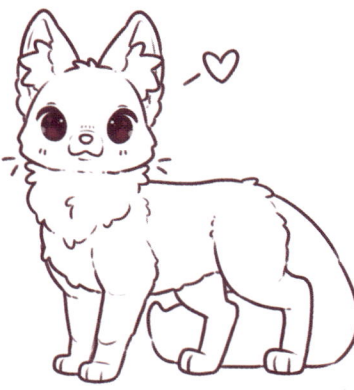

13. Ahora pinta la ilustración. He optado por hacer el clásico zorro de color naranja con patas oscuras y manchas rosadas en las orejas, la cara, el pecho y la punta de la cola. He utilizado un rosa más oscuro en las mejillas y para el sombreado.

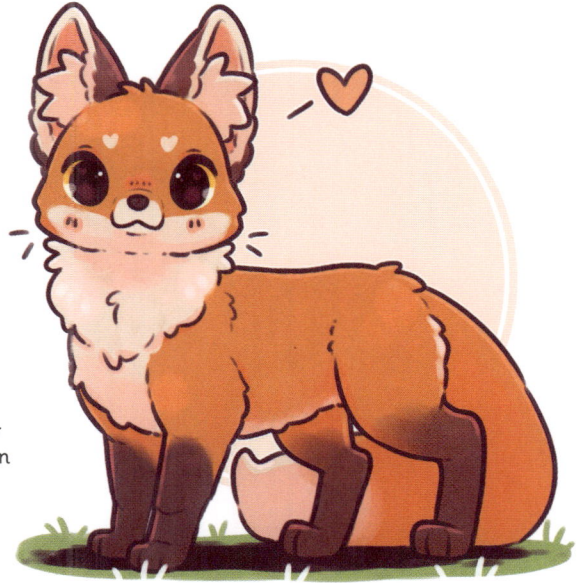

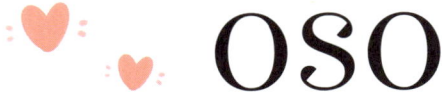

OSO

Un compañero grande y fuerte que pueda trepar a los árboles, un oso como mascota puede ser una excelente elección para tu personaje.

1. Dibuja un rectángulo redondeado con lados puntiagudos para la cabeza y añade una guía en forma de cruz para situar los rasgos faciales.
En la parte inferior de la cara, traza un cuadrado redondeado para crear el hocico.

2. En las esquinas superiores de la cabeza, haz las orejas semicirculares. Después, traza un óvalo que comience junto al hocico, descienda formando un pico y suba hasta su oreja izquierda.

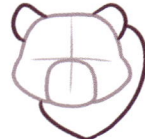

3. Dibuja una gran línea curva en el lado derecho del dibujo. Añade un óvalo, que será el muslo.

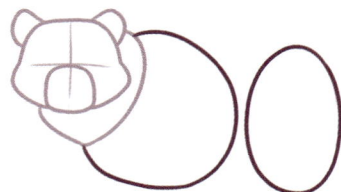

4. Une el cuerpo al muslo por arriba y por abajo con líneas curvas. En la parte derecha del dibujo, añade una pequeña cola curva.

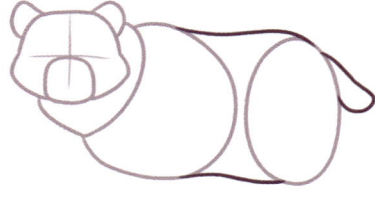

5. Junto al cuello, haz un óvalo grande para crear la parte superior de su pata delantera izquierda y una «U» para crear la parte inferior. Añade una garra redondeada.

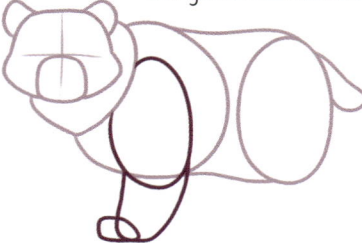

6. Al lado de la pata izquierda, dibuja la derecha haciendo una «U» seguida de otra «U» más alargada.

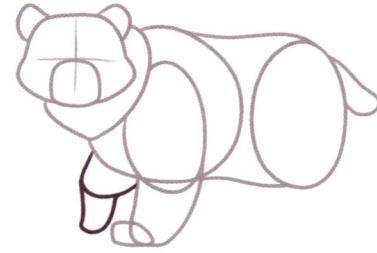

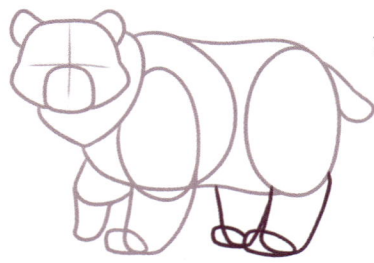

7. Debajo de los muslos, traza dos «U» para crear las patas traseras y, debajo, añade las garras en forma de rectángulo redondeado.

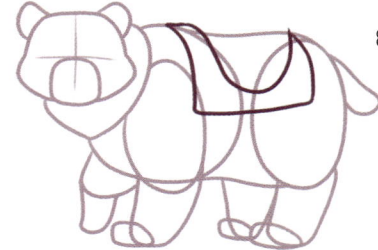

8. Encima del lomo, dibuja la manta que va debajo de la silla de montar trazando un rectángulo ligeramente curvado sin la línea superior. Dentro de la manta, añade una «U» grande, que será la silla de montar.

9. Haz los ojos con dos círculos rellenos y una línea curva alrededor de la parte superior. Dibuja la nariz, la boca en forma de «W» y pequeños trazos encima del hocico y en las mejillas para indicar que las tiene sonrosadas.

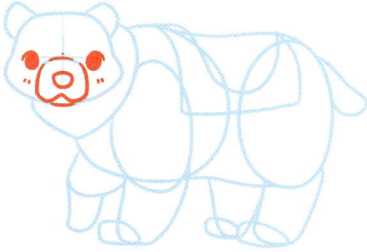

10. Dibuja la silla de montar añadiendo otras dos «U» y la línea superior curva. Haz un mango en el que poder agarrarse y el estampado cuadriculado del asiento.

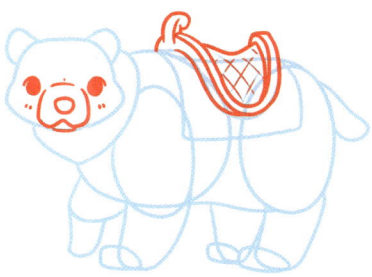

11. Dibuja la manta con una hebilla que la conecte a la silla de montar. Añade una correa en la parte inferior de la manta que pase por debajo del cuerpo.

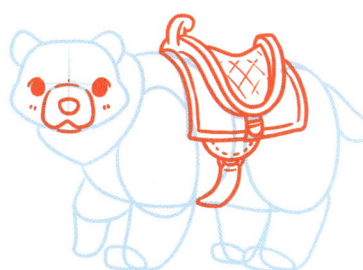

12. Define el cuerpo añadiendo el pelaje y las líneas de los dedos.

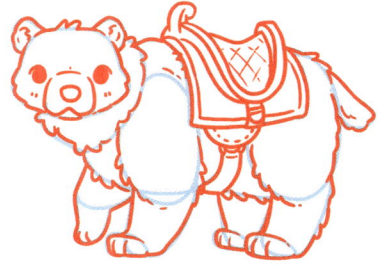

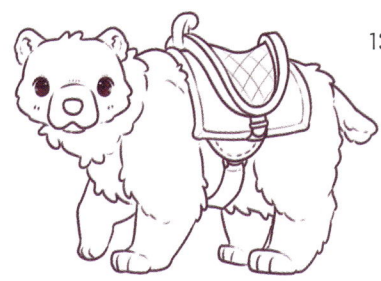

13. Haz el dibujo final sobre el boceto y, después, borra el lápiz con suavidad. Añade reflejos y corazones en los ojos.

14. Ahora colorea la ilustración. He decidido hacer un oso pardo con una manta de color verde azulado y una silla de montar azul. Al oso le he puesto corazones en lugar de cejas y le he añadido otro corazón encima.

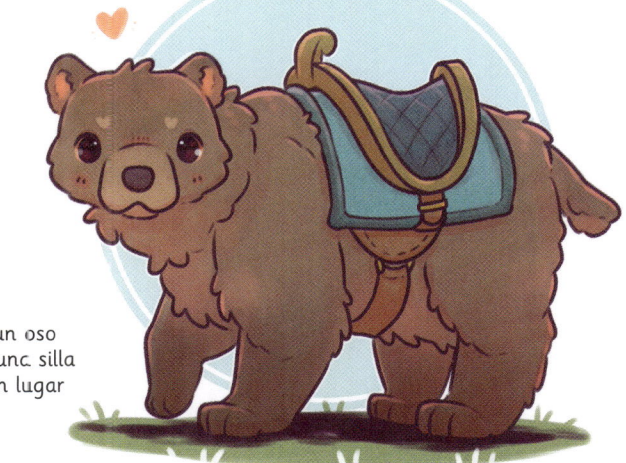

PERRO

Un compañero clásico para cualquier aventurero viajero o tabernero, este perro está listo para ayudar a tu personaje en todo lo que sea necesario, ¡siempre y cuando se le ofrezcan golosinas y mimos con frecuencia!

1. Dibuja una forma redonda con lados puntiagudos para la cabeza y añade una guía en forma de cruz para situar los rasgos faciales. En el centro de la cara, haz el hocico con un cuadrado redondeado.

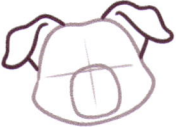

2. Encima de la cabeza, añade unas orejas triangulares que se doblen sobre sí mismas.

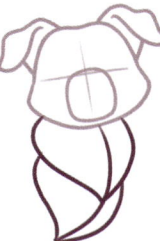

3. Añade dos «V» redondeadas para crear el cuello y el pecho, curvando el pecho hacia su izquierda. Después, traza una guía curva en el centro de las dos formas.

4. A la izquierda del dibujo, dibuja una línea curva desde la parte superior del cuello hasta la base del pecho. Añade un óvalo, que será el muslo.

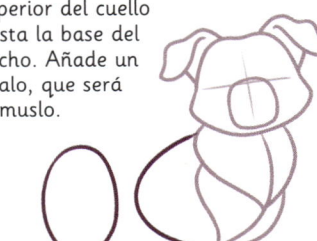

5. Une el cuerpo al muslo por arriba y por abajo con líneas curvas. A la derecha del muslo, añade una «U» para crear el otro muslo.

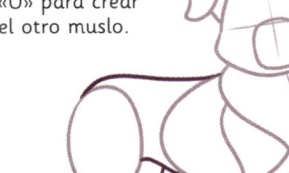

6. Debajo de cada muslo, traza una pequeña «U» seguida de una rectángulo alargado y una patita redondeada.

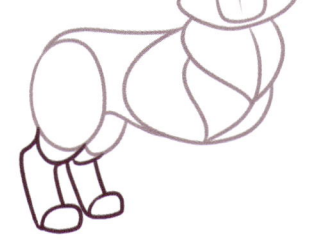

7. En el lado derecho del pecho, dibuja un hombro ovalado. El otro hombro queda prácticamente oculto por el cuerpo. Haz las patas delanteras en forma de «U».

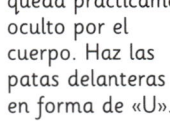
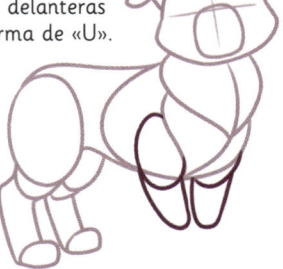

8. Un poco más abajo de las «U», traza dos pequeños rectángulos redondeados para crear las patitas y únelas con líneas.

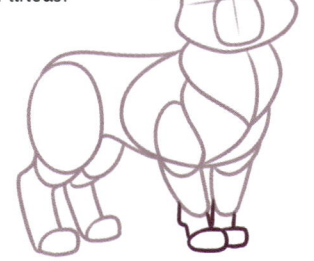

9. En la parte trasera del cuerpo, dibuja una cola enroscada que se estreche en la punta.

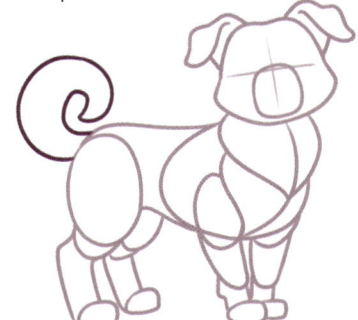

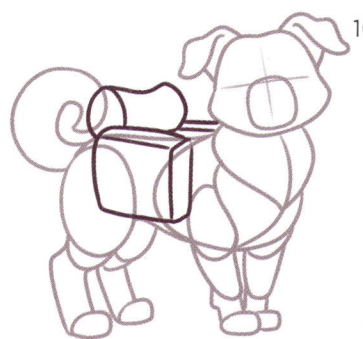

10. A cada lado del cuerpo, esboza un zurrón cuadrado trazando un cuadrado y dos rectángulos. Ten en cuenta que, desde este ángulo, solo resulta visible la parte superior del segundo zurrón. Después, añade un cilindro curvo encima del lomo.

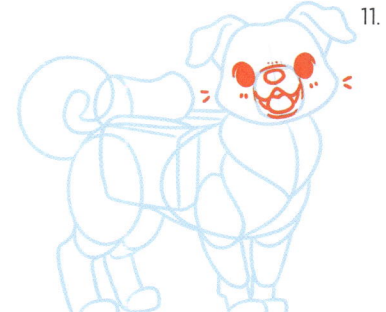

11. Haz los ojos con dos círculos rellenos y una línea curva alrededor de la parte superior. Dibuja una nariz redondeada y una boca en forma de «W» con dos colmillos y la lengua. Añade pequeños trazos para indicar que tiene las mejillas sonrosadas y para crear los bigotes.

12. Dibuja los detalles de los zurrones, como una solapa y un lazo. Añade una correa que rodee el cilindro por el centro y una espiral en el lateral. Haz unas correas que pasen por debajo del cuerpo y a través del pecho.

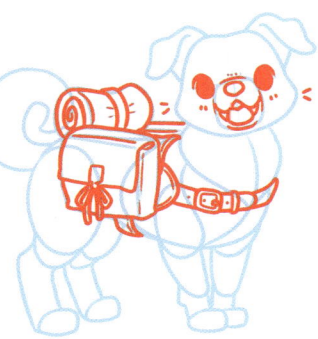

13. Define el cuerpo añadiendo pelaje en el pecho, las patas y la cola.

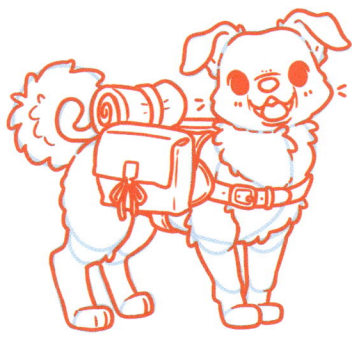

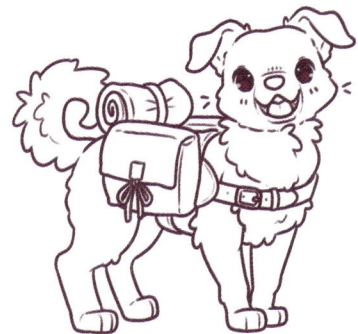

14. Haz el dibujo final sobre el boceto y, después, borra el lápiz con suavidad. Añade reflejos y corazones rojos y blancos en los ojos.

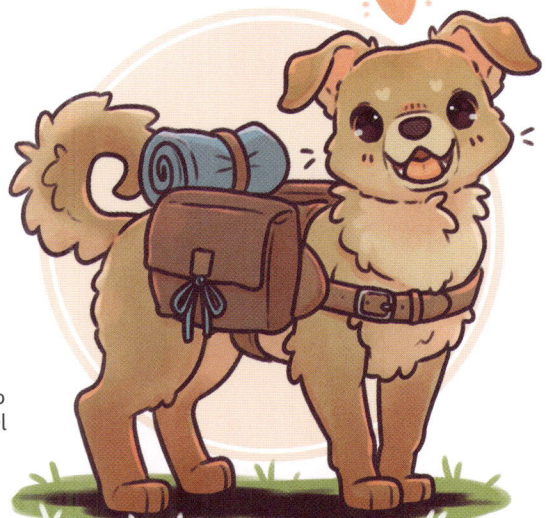

15. Ahora colorea la ilustración. He elegido un tono canela para pintar el pelaje del perro, marrón para los zurrones y las correas, y azul para el saco de dormir y el lazo del zurrón.

CABALLO

Un fiel corcel es el complemento perfecto para un personaje fantástico. En un país mágico, puedes utilizar como montura diferentes criaturas, pero ninguna supera al noble y clásico caballo.

1. Para hacer la cabeza, traza un círculo con una línea curva a un lado, que será el hocico. Encima de la cabeza, dibuja las orejas en forma de lágrima.

2. Traza el cuello con una línea que salga de entre las orejas y otra de debajo de la barbilla. Llévala hacia abajo y luego hacia la izquierda, formando la parte trasera del caballo con una y el pecho con la otra.

3. En la parte posterior del cuerpo, dibuja un muslo ovalado grande. Más abajo, traza dos óvalos horizontales, el segundo más pequeño, y une los tres con líneas curvas. Al final, añade un casco triangular.

4. Detrás de la pata, dibuja dos óvalos más y únelos para formar la otra pata trasera. Al final, añade el casco.

5. En el lado derecho, dibuja un óvalo mediano para crear el hombro. Más abajo, dibuja dos círculos, el segundo más pequeño y haciendo el primero desplazado un poco hacia la derecha y el otro hacia la izquierda. Une los óvalos con líneas curvas y añade el casco.

6. Junto a la pata delantera, dibuja un óvalo parcial para crear el otro hombro y un pequeño círculo para hacer el otro tobillo. Une los óvalos con líneas y dibuja el casco.

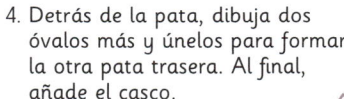
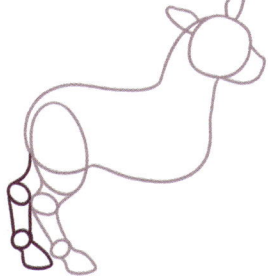
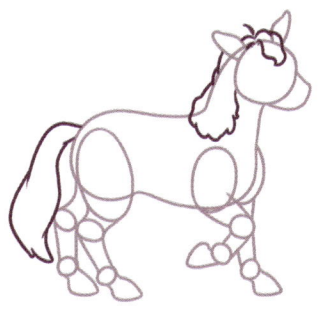

7. Dibuja una crin abundante, que comience entre las orejas, pase por detrás de su oreja derecha y baje por el cuello. En la parte posterior del cuerpo, esboza una cola larga.

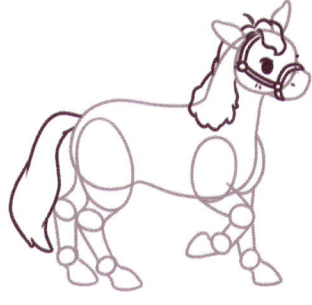

8. Esboza la brida de modo que las correas rodeen el hocico, crucen la mejilla y pasen por delante de la oreja. Haz el ojo con un círculo relleno y una línea curva alrededor de la parte superior. Añade unos trazos para indicar el otro ojo, el rubor de las mejillas y el ollar.

9. Haz el asiento de la silla de montar con dos «U» curvadas. Añade una forma ovalada a un lado con dos semicírculos pequeños en el borde. Más abajo, traza unas correas que rodeen la parte inferior del cuerpo y el pecho.

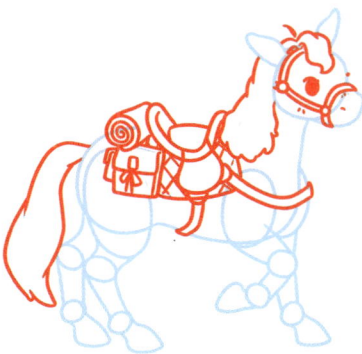

10. En la parte posterior de la silla, dibuja un cilindro con una espiral para crear una manta. Debajo, añade un cuadrado, que será un pequeño zurrón con un bolsillo lateral.

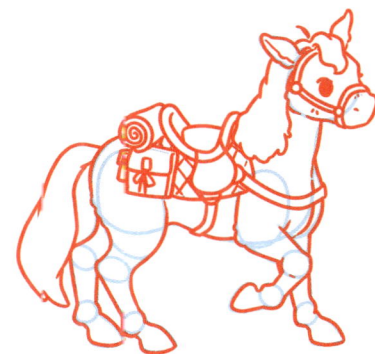

11. Debajo de la silla, dibuja un rectángulo grande con un diseño cuadriculado en diagonal para crear la manta de debajo de la silla. Después, haz un rectángulo y un pequeño lazo para formar el broche del zurrón.

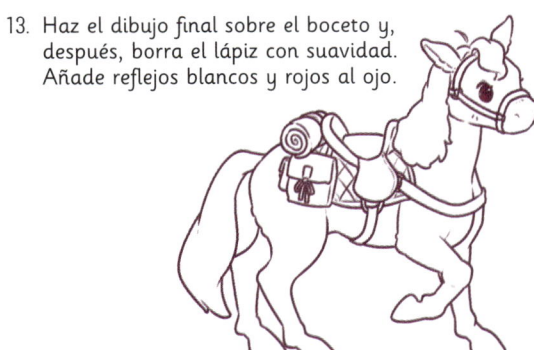

12. Dibuja el cuerpo, añadiendo pequeños relieves para crear el pelaje en los codos y en la parte posterior de las patas. Añade una línea curva corta en la parte delantera del pecho.

13. Haz el dibujo final sobre el boceto y, después, borra el lápiz con suavidad. Añade reflejos blancos y rojos al ojo.

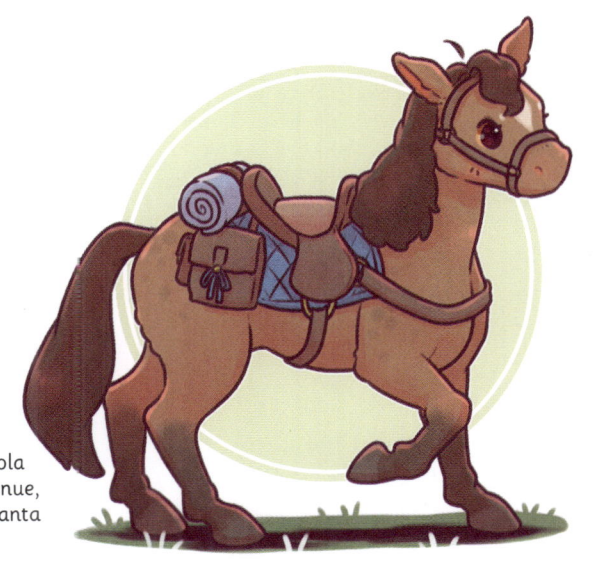

14. Ahora pinta la ilustración. He elegido una combinación de marrones, utilizando un tono más oscuro para la crin, la cola y los extremos de las patas. El asiento de la silla es rojo tenue, la manta de debajo y el lazo del zurrón son azules, y la manta enrollada es púrpura claro. Entre los ojos, le he hecho una manchita blanca en forma de rombo.

DRAGÓN

La montura fantástica definitiva es un dragón. Tu personaje podrá surcar los cielos y utilizar el poderoso aliento de fuego de su dragón cuando luche contra sus enemigos.

1. Dibuja una forma redonda para la cabeza y añade una guía en forma de cruz para situar los rasgos faciales. Haz el hocico con un rectángulo redondeado.

2. Traza una forma puntiaguda a cada lado de la cabeza y, en la parte superior, dos orejas en forma de lágrima. Entre las orejas, dibuja dos cuernos ondulados que terminen en punta.

3. Dibuja dos líneas curvas, una que empiece en su oreja derecha y la otra debajo de la cabeza. Forma el cuello y únelas. Más a la izquierda, añade un óvalo, que será el muslo.

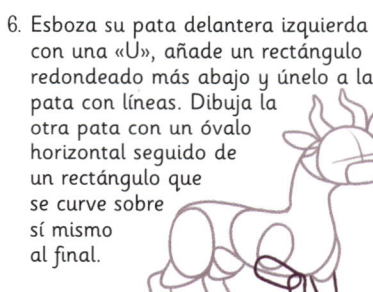

4. Une el muslo al cuerpo por arriba y por abajo con líneas curvas. Añade una «U» debajo del cuerpo para crear el otro muslo. Después, haz su hombro derecho con un óvalo y el otro parcialmente oculto.

5. Debajo de los muslos haz dos «U» puntiagudas inclinadas hacia la izquierda. Después, completa las patas haciendo un rectángulo alargado seguido de un rectángulo redondeado.

6. Esboza su pata delantera izquierda con una «U», añade un rectángulo redondeado más abajo y únelo a la pata con líneas. Dibuja la otra pata con un óvalo horizontal seguido de un rectángulo que se curve sobre sí mismo al final.

7. Empieza la cola en la parte posterior del muslo, alarga las líneas superponiéndolas, para que la cola se retuerza, y hazle el extremo en forma de punta de flecha.

8. Empezando en la curva del cuello, esboza las alas trazando líneas en forma de «Z». Añade dos líneas en el interior de cada ala y une las puntas inferiores con líneas curvas.

9. Esboza una silla de montar cuyo asiento tenga un estampado cuadriculado. Dibuja un mango curvo en la silla, una correa alrededor del cuello y otra alrededor del abdomen.

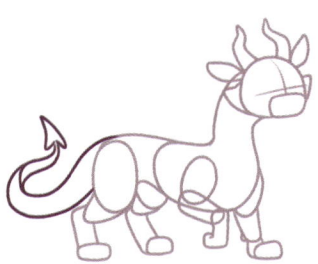

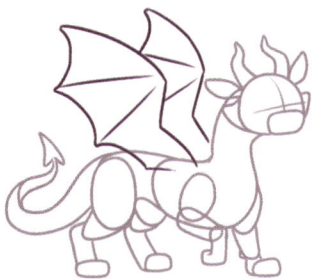

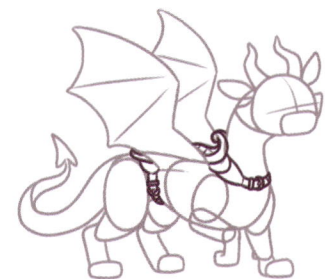

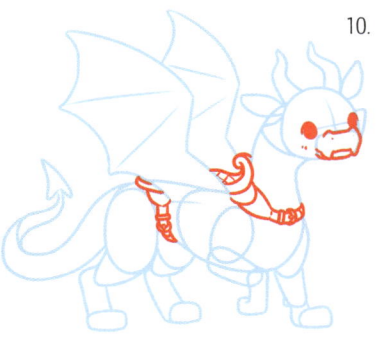

10. Crea los ojos con dos círculos rellenos y una línea curva alrededor de la parte superior. Dibuja el hocico con protuberancias triangulares arriba y abajo, haz dos puntos para las fosas nasales y añade unos pequeños trazos para indicar que tiene las mejillas sonrosadas.

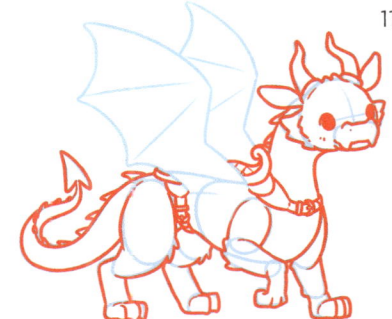

11. Dibuja la cabeza y el cuerpo añadiendo protuberancias a los lados de la cabeza y placas dorsales a lo largo de la espalda y de la cola. Añade un poco de pelaje en las mejillas, los codos y las rodillas. Haz que los dedos terminen en punta.

12. Define las alas añadiéndoles detalles, como un pequeño gancho en la parte de arriba.

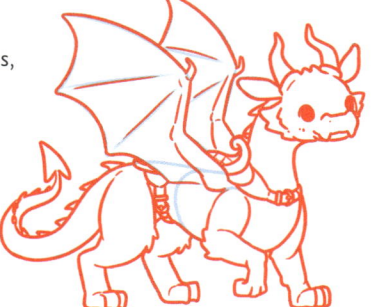

13. Para crear el abdomen, traza una línea a lo largo de la parte inferior del cuerpo, desde el cuello hasta la cola, y añade líneas horizontales en el interior.

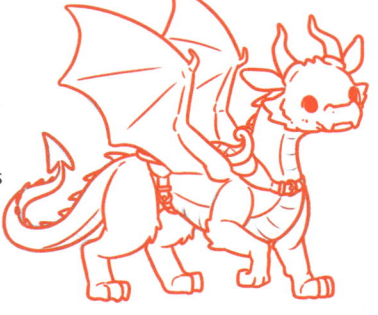

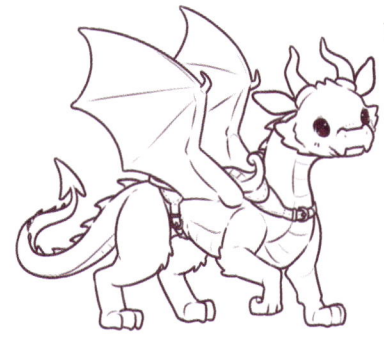

14. Haz el dibujo final sobre el boceto y, después, borra el lápiz con suavidad. Añade reflejos y corazones en los ojos.

15. ¡Pinta la ilustración! He hecho un dragón rojo clásico, utilizando un tono más pálido en el abdomen. Para darle un toque de color, he pintado el asiento de la silla de montar de color verde.

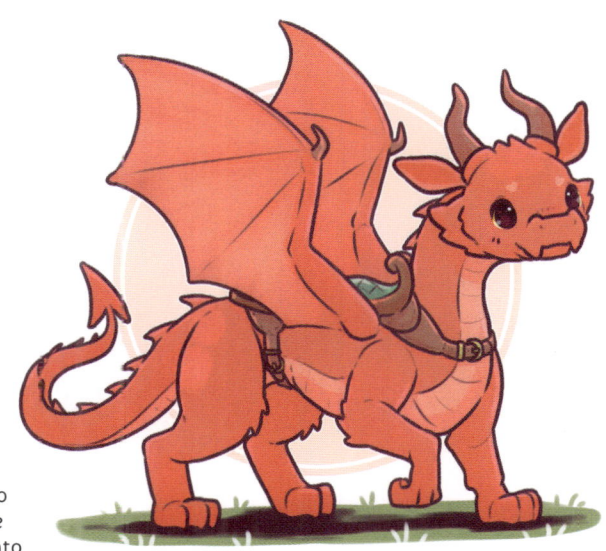

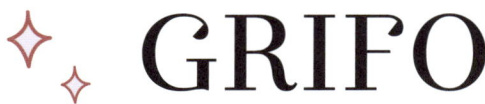

GRIFO

Si tu personaje necesita recorrer largas distancias en poco tiempo, un grifo estará encantado de llevarlo volando y ofrecerle unas excelentes vistas panorámicas.

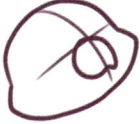

1. Para hacer la cabeza, dibuja una forma redonda un poco inclinada y con los lados puntiagudos. Añade una guía en forma de cruz para situar los rasgos faciales. Esboza un pico redondeado con la punta curvada.

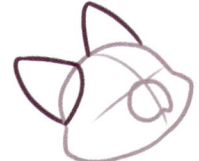

2. Encima de la cabeza, añade dos orejas en forma de triángulo. Fíjate en la parte que queda oculta de su oreja izquierda.

3. Dibuja el cuello con una «V» ondulada y añade una guía curvada en el centro.

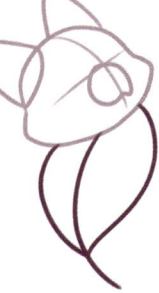

4. A la derecha del cuello, añade un cuerpo ovalado grande. Al lado, traza un óvalo para crear el muslo.

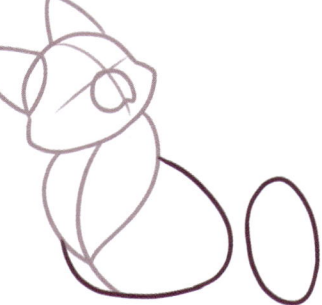

5. Une el cuerpo y el muslo por arriba y por abajo con líneas curvas. Añade una «U» debajo del cuerpo para hacer el otro muslo. Después, traza los hombros en forma de óvalo teniendo en cuenta que el derecho queda parcialmente oculto.

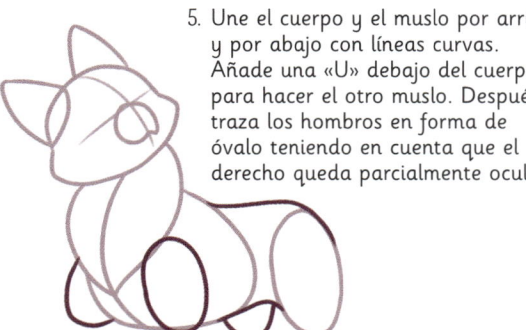

6. Debajo de cada hombro, haz dos «U», inclinando hacia fuera la que corresponde a su pata derecha. Después de cada «U», añade un rectángulo con cuatro dedos, tres en la parte inferior y uno más arriba, en la parte trasera del pie.

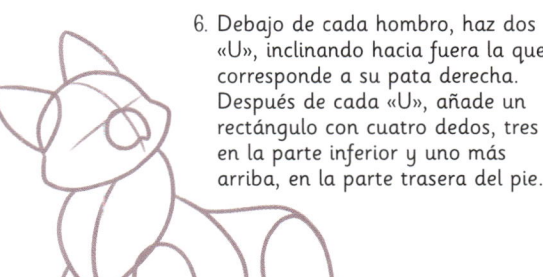

7. Debajo de cada muslo, traza una pequeña «U» seguida de un rectángulo con un ligero arco en la parte inferior. Después, añade una garra redondeada.

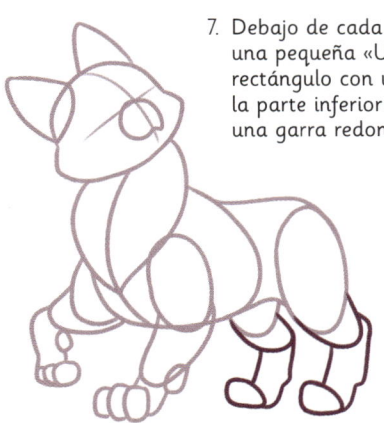

8. En la parte superior de su muslo izquierdo, empieza a dibujar una cola en forma de lágrima. A continuación, traza una «V» alargada y curva con un mechón de pelo al final.

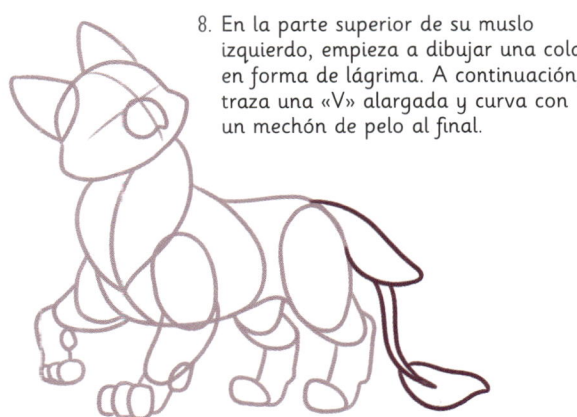

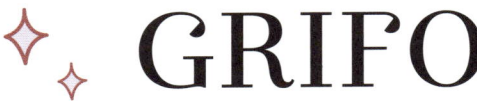

GRIFO

(continuación)

9. Empieza a dibujar las alas en la parte superior derecha del cuello trazando dos líneas en forma de «Z» que se curven hacia abajo. Detalla el ala delantera con líneas curvas y diagonales.

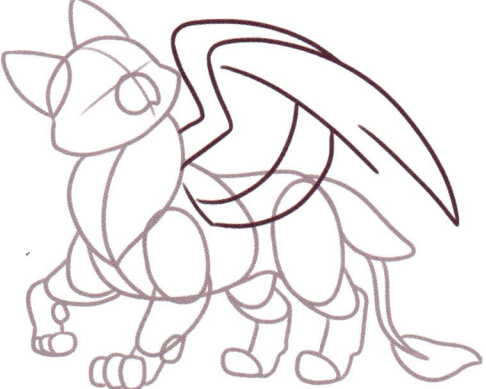

10. Añade un rectángulo curvo en el lomo para crear la manta de debajo de la silla de montar. Al inicio de su ala derecha, dibuja el mango curvado de la silla.

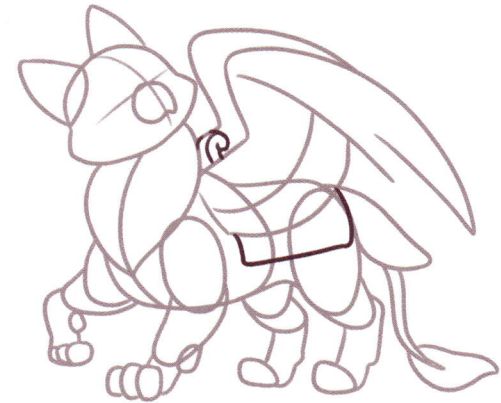

11. Crea los ojos con dos círculos rellenos y una línea curva en la parte superior. Dibuja un pico puntiagudo y luego la cabeza, las orejas y el cuello añadiendo mucho pelaje. Haz pequeños trazos para indicar que tiene las mejillas sonrosadas y para formar los bigotes.

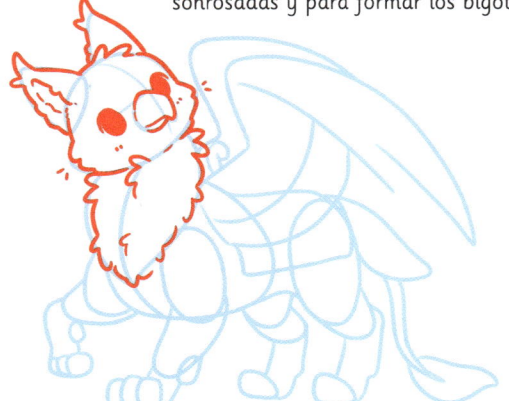

12. Dibuja las alas añadiendo plumas a lo largo del centro, del borde inferior y en las puntas.

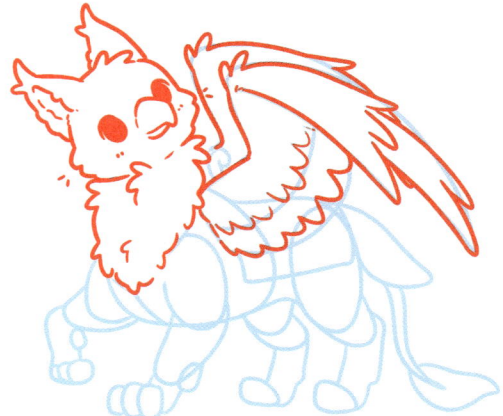

13. Dibuja la manta y el mango de la silla de montar. Detalla la manta con un diseño cuadriculado y añade una correa que pase por debajo del cuerpo.

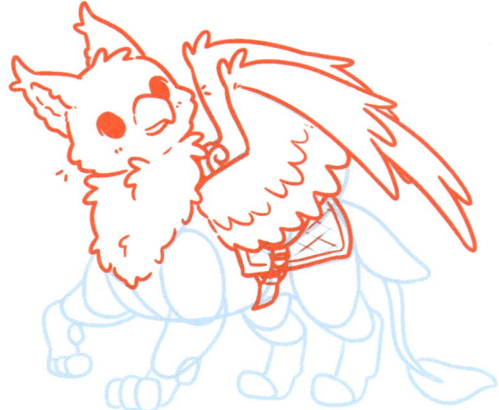

14. Define el resto del cuerpo añadiendo más pelo, excepto en los pies. Dibuja garras afiladas en las patas delanteras y añade un mechón en la punta de la cola.

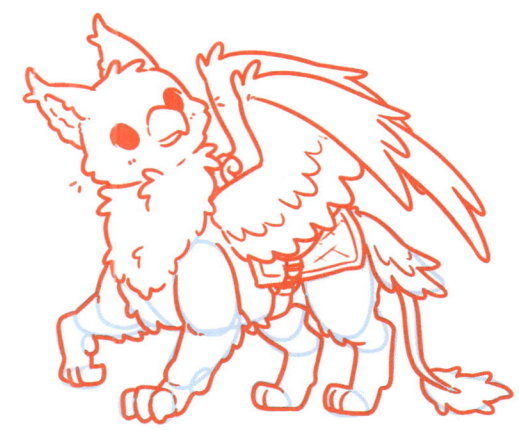

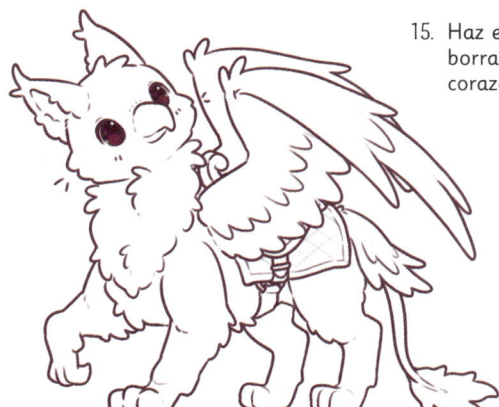

15. Haz el dibujo final sobre el boceto y, después, borra el lápiz con suavidad. Añade reflejos y corazones en los ojos.

16. Ahora colorea la ilustración. Para hacer un grifo de aspecto clásico, lo he pintado de un tono dorado y he oscurecido la parte superior de las alas, la parte inferior de las patas y la punta de la cola. He utilizado rosa para el interior de las orejas y rojo para la manta.

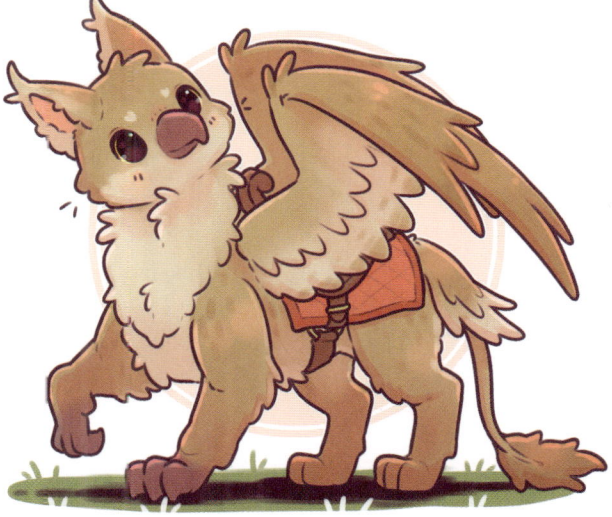

Título original: *Cute Fantasy Art Class*

© 2025 Librero b.v. (edición española)
Hambakenwetering 8B
5231 DC 's-Hertogenbosch
Países Bajos

© 2025 Quarto Publishing Group USA Inc.
Texto e ilustraciones © 2025 Naomi Lord

Primera publicación en 2025 a cargo de Rock Point,
un sello editorial de The Quarto Group

Editora general: Rage Kindelsperger
Dirección editorial: Erin Canning
Dirección creativa: Laura Drew
Gestión editorial: Cara Donaldson
Edición de contenido: Katelynn Abraham
Diseño del interior: Kim Winscher

Producción de la edición española:
Traducción: Antonio Vizcarra para Delivering iBooks & Design
Redacción y maquetación: Delivering iBooks & Design, Barcelona

Distribución exclusiva de la edición española:
Librero IBP S. L.
C/ Paseo de los Olmos, n.º 20
Planta 1.ª, oficina 7
28005 Madrid, España
www.librero-ibp.es

Impreso en China
ISBN: 978-94-6499-140-6

Se han realizado todos los esfuerzos posibles para garantizar que la información recogida en este libro sea correcta. En caso de error u omisión al consignar los derechos de autor de las imágenes incluidas en la obra, Librero b.v. pide disculpas y se compromete a enmendar la información en futuras ediciones del libro.

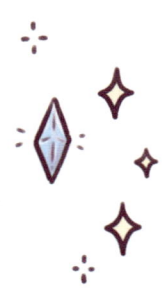

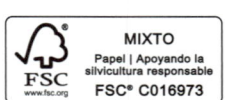